残酷すぎる
世界の神話

イースト・プレス

はじめに

世界には多くの神話が伝承されている。ほとんどの神話が原初の混沌から世界を生み出す〝創造神話〟に始まり、次々と生み出される神々は人知を超えた技と能力を備えてヒロイックな活躍をみせる。神話の舞台で、神々は躍動する。

しかし、神々のふるまいはそれに留まらない。時には自己中心的で傍若無人な行動をとることがある。大地を司《つかさど》る神クロノスは、「自分の子どもに地位を奪われる」という予言を恐れ、我が子を次々と貪《むさぼ》り食った。北欧神話の主神オーディンは、戦争を引き起こしては有能な戦士を殺し、自らの死人部隊に加えた。全能の神ゼウスが、しばしば動物に化けて、レイプまがいの行為を繰り返したのはよく知られた話だ。

残酷な殺戮や凄惨な大量死、不義の交わり、近親憎悪といった悪行に満ちている天上界。そして、エゴや愛欲、支配欲や嫉妬心にとらわれた神々——。どこか既視感はないだろうか。そう、神々のふるまいは、人間の愚行そのままなのだ。神話の神は実に〝人間的〟に欲望をむき出しにし、そして人類と同じように死を恐れるのである。

人類ははるか昔から、神話に〝人知を超えた何か〟を投影してきた。押さえることのできない欲望や、心の奥底に潜む闇、圧倒的なまでに暴力的な自然と対峙したとき、それを言葉や理性で御しきれなかった人類は、物語の中にそれらを封じ、タブーとされる行為を神々に託したのである。こうして、天上界は人類世界の〝合わせ鏡〟となり、神話は教典や戒律として語り紡がれることになる。

私たちの代わりに禁忌を犯し、欲望に溺れ、エゴをむき出しにする神々の姿は実にやるせなく、だからこそ喜劇的でもある。

さあ、残酷すぎる神話の世界をのぞいてみよう。

かみゆ歴史編集部

残酷すぎる世界の神話

北欧神話について

第二章 愛欲の神々

第三章　復讐の神々

第一章
横暴の神々

支配欲、名誉欲、物欲……。
神々は己の欲望を満たすため、
あらゆる手段を使った。
気に入らぬ者を陥れ、または殺害する。
神々の自己中心的で
横暴な一面を覗いてみよう——。

ロキ

神々を激怒させた北欧神話界最悪の神

神話 北欧

残酷度 ★★★★

Profile

北欧神話におけるトリックスター的な存在。神々の敵である巨人族の血を引くが、主神オーディンの義兄弟となって神々の仲間入りを果たす。火を神格化したともいわれるイタズラ好きで邪悪な性格は、最終戦争ラグナロクを引き起こす遠因となる。

トリックスターか悪神か。歪んだ自己中の神

残酷神話物語の巻頭を飾るのは、北欧神話最大の問題児、ロキである。血生臭い事件と悪事の描写に事欠かない北欧神話の中でも、悪神ロキは盗み、だまし、監禁、脅迫に殺しまで、ありとあらゆる悪業に手を染めている。

ロキの性格はとにかく狡猾《こうかつ》でウソつきのひねくれ者。自分を守るためならどんなことでもやるタイプで、善良な者や美しい者には誰にでも嫉妬するという困った奴、現代でいう自己中だ。そ

のうえお調子者でイタズラ好き。神ではなく巨人族の出身で、神々からは軽く見られているのもロキのイタズラに拍車を掛けた。

そんなロキのイタズラは最初、他愛のないものだった。せいぜい女神と不倫したり、神々に厄介ごとを持ち込んでは怒られて、後始末を自分でする羽目になるのがいつものパターンである。だが、やがてロキの行いは嫉妬と悪意によってエスカレートしていき、最後には最終戦争ラグナロクを引き起こしてしまう。ラグナロクの日が来れば、ロキは怪物じみた子供たちと巨人族を率いて神々の土地に攻めこんでくるという。ひねくれたお調子者は、いつしか神々の最悪の敵となった。はたしてひねくれ者ロキは、いったいなぜ最悪の存在となったのだろうか。

次々と神々に厄介ごとを持ち込む

最後はラグナロクの張本人として描かれることになるロキも、最初は神々の間に厄介ごとを引き起こしつつそれを解決する、いわばトリックスターの役割を担っていた。

たとえばある日、ロキは神々の敵である巨人族のシャツィに脅され、神々の若さを保っているという「若返りのリンゴ」を略奪する計画に加担させられた。リンゴを管理していた女神イズンを「もっといい物を知っている。見ておかないと恥をかくぞ」とそそのかし、シャツィのもとへ拉致してしまった。だがこのリンゴ、イズンの手を離れると魔力を発揮せず、神々は次々と年老いていった。

困った神々は、ロキを呼びつけた。「ヨボヨボのじいさんばあさんばっかり……」と笑っていたロキであったが、神々の憤怒の表情を見て血の気が引いていく。「イズンを連れ戻さなかったら拷問じゃ！　覚悟しておけ！」と脅されたロキは、今度はイズン奪還のために奔走することになった。まったく支離滅裂な行動だが、この程度のイタズラですんでいたころはまだよかった。

ロキの悪意で始まったラグナロクへのカウントダウン

最初のうちはイタズラ心やささいなトラブルにすぎなかったロキの行動は、しかしやがて手が付けられない邪悪なものとなっていく。その取り返しのつかない分岐点となったのが、オーディンの息子であるバルドルの殺害事件だ。

バルドルはオーディンとその妻フリッグとの子で、その姿は光を発するほど美しく、賢く、優しかったというからまさに完璧超人。ロキは、無条件にこういう人気者が大嫌いだった。

ある日、バルドルに死が予言された。それを知ったバルドルの母フリッグはこの世の何者もバルドルを殺せなくするため、「バルドルを傷つけません」と万物に約束させた。涙ぐましい親の愛情だが、ひねくれ者のロキは無性に腹が立ち、フリッグに問う。

「本当に万物と約束できたんですか？　それは大変だったでしょう」

「ええ、とても。でも、さすがにヤドリギの若木だけは、幼すぎて傷をつけられないだろうから、約束はさせなかったの」

　これを聞いたロキはニヤリと笑いながら立ち去った。早速、ロキはヤドリギの若木を手に入れる。そのころ、神々の間ではバルドルに物を投げつけ、はね返るのを楽しむ遊びが流行していた。この過激で下らない神々の遊びに加われずにいたのが、バルドルの盲目の弟ヘズだった。おとなしく耳を傾けていた弟にロキはヤドリギの若木を手渡し、「さあ君も楽しみたまえ！」とそそのかした。まんまとだまされたヘズが投げたヤドリギの若木は、バルドルの胸を刺し貫いた。そして、バルドルはあっけなく死んでしまった。

　嘆き悲しんだ母フリッグに対し、死者の国の女王ヘルは「全世界の誰もがバルドルの死に涙を流すならば」バルドルを生き返らせると約束した。人気者のバルドルのこと、フリッグが頼みこめば誰であれ涙を流した。それをつまらないと思ったのはロキである。ロキはお得意の変身で女巨人のセックに化けると、そこにバルドルのために旅を続けるフリッグがやってきた。

「私の不幸な息子のために、涙を流してくださいませんか」

　切々と語るフリッグに対して、ロキはせせら笑うように冷たく言った。

「あんなやつのために涙など流すものか！」

そうして、バルドルの蘇生は失敗した。これ以降、世界は光の神バルドルを失った影響で以前よりも暗くなってしまった。

そのうえさらに、ロキは神々の宴に乱入して、そこに列席していた神々を全員こき下ろした。女神に対しては自分との不倫関係を暴露し、男の神々には「臆病者のうえに妻が俺と浮気しているることにも気付かない間抜け」と罵った。恐ろしいほど自分のことを棚に上げた自己中の言い草だが、それでも神々は図星すぎたのか、何も言い返すことができなかった。

ついにロキを看過できなくなった神々は、ロキに制裁を下した。ロキを捕まえ、地下に幽閉。さらにロキの息子ナリを殺して取り出した腸で縛り、顔には蛇の毒がしたたり落ちるという苛烈な拷問だった。妻シギュンは毒がかかるのを防ぐために器を持って毒を受け止めたが、器がいっぱいになり毒を捨てに行くときだけはロキの顔に毒がかかってしまう。ロキは苦しみのあまり絶叫し、それが地震の原因だと言われた。この拷問は、最終戦争ラグナロクの日まで続いた。

ラグナロクでは、ロキは神々に敵対し、灼熱の国の住人ムスペッルの侵攻に加勢する。最後の最後までひねくれ者のまま、虹の橋の番人へイムダルと対決し、相討ちで果てたのだった。

自他に厳しさを求める残虐な神
オーディン

神話
北欧
残酷度
★★★★★

Profile

北欧神話における創造主たる最高神で、年老いることのないアース神族の長。魔法の槍グングニルを持つ。戦争と死の神、また知恵と詩の守護者でもある。どん欲な知識欲に突き動かされるまま世界を旅して知識や力を集め、最終戦争ラグナロクに備えた。

肉体よりも知識！ オーディンのすさまじい知識欲

神々の世界アースガルズに住み、すべてを見通す椅子に座って世界をあまねく監視しているという最高神オーディン。その信仰の歴史は古く、1世紀頃にローマの歴史家が記した書物『ゲルマニア』にオーディンと思われる神が記されていたのが最古といわれる。

オーディンは巨人ユミルを倒し、その身体から世界をつくったと伝えられる。姿は老人のように描かれ、長いひげにつば広の三角帽子、長いマントをひるがえす様子はまるで魔術師のようで

もある。ロキが生んだ8本足の馬スレイプニルを愛馬とし、世界から情報を集める2羽のカラスと凶暴な狼を従えた。

その姿のとおり魔術に優れ、策略や謀《はか》り事といった権謀術数《けんぼうじゅっすう》にたけ、人心を惑わすこともいとわない。知識や魔術は彼の実力行使になくてはならないものであり、それらを求めるためなら文字通り肉体を犠牲にしてでも……と、すさまじい情熱を注いだ。

オーディンは魔術の知識をミーミルの泉で得たとされる。泉は世界樹ユグドラシルの根元にあり、知識の豊かな賢者ミーミルの持ち物だった。その泉の水を飲めばたちまち賢くなれるといい、オーディンはミーミルに「泉の水をひと口飲ませてほしい」と懇願した。ミーミルは、「知識を得る担保が必要だ」と代価を要求。オーディンは「いたしかたあるまい」と覚悟を決め、突然眼球をえぐり出し、泉に投げ入れた。知識を得る代わりに自分の五感を失うことが本当に賢い行動なのかはわからないが、オーディンは泉の水をごくりとひと口、口に含んで魔術を会得したという。ミーミルの泉の底には、その後、オーディンの目玉が沈んだままだそうだ。

知識のためなら逆さ吊りも串刺しもなんのその

呪力を持つ神秘の文字、ルーン文字を体得した際のオーディンの行いもまた、あまりにも痛々しいものだった。

ミーミルの泉のおかげで降り注ぐように知恵を得たオーディンは、この世界にルーン文字というものがあることを知る。泉に聞いたところによれば、この文字を使いこなすためには世界樹ユグドラシルの木に逆さ吊りになり、槍に突き刺されたままで9日9夜を自分自身「最高神オーディン」に捧げなければならない。オーディンは「いたしかたあるまい」というわけで果敢にチャレンジ。指示のとおりに逆さ吊りになり、グングニルで自らを刺しながら9日9夜を「自分に」捧げた。最後の日の夜、運よく縄が切れてオーディンは助かり、ルーン文字をマスターした。

のちにオーディン自ら語ったところによれば、「血が滴り落ち生気が失せていく私を見ても、誰もパンひとつ与えようとしなかったので、本当に死ぬかと思った」と誇らしげに語っていたらしい。どこまでもマゾヒストである……。

北欧神話はこうした血生臭い描写が多く暗い世界観も特徴的だ。そんな世界観を醸《かも》し出す要因のひとつは、最終戦争ラグナロクが起きて世界が終末を迎えることが最初から決まっているからである。オーディンがどん欲に知識を求めたのも、純粋な知識欲と同時にこのラグナロクを回避するためだったともいえるのだ。

最終戦争ラグナロクへ向け最強の軍団を準備

オーディンは来《きた》るラグナロクに備えて、知識と同時に力も集めた。勇敢な戦士を探すため、オーディン自ら地上に争いの種をまき、戦乙女ヴァルキリーに命じて戦死者の魂であるエインヘリヤルを集めさせた。エインヘリヤルは神々の世界にある宮殿ヴァルハラで日夜殺し合いをし、技術の鍛錬に励む。ヴァルハラでは、死んでも夕方になると生き返るので、翌日にまた殺し合った。永遠に戦い続ける最強の軍団はのちに、北欧神話を信仰したヴァイキングたちのあこがれの的となった。ヴァイキングたちにとっての最大の栄誉は、戦争の中で勇敢に戦って死に、オーディンに気に入られて魂を召し抱えられることだった。

オーディンの軍団にはほかにも、魔力で忘我状態になった戦士ベルセルクという最終兵器がいた。彼らは動物の毛皮をまとって自らを魔物だと信じ込んで戦うのだ。敵も味方もわからないほど狂ったように戦うので、味方ですら震え上がったという。

目的のためにはオーディンは手段を選ばなかった。息子バルドルがロキ（→P12）に殺害された際もオーディンは、何の罪もないロキの息子を殺し、ロキを縛るために腸を引きずり出している。こうした因果もあってか、オーディンは最終戦争ラグナログで、ロキと女巨人の間に生まれた魔狼フェンリルに丸飲みされた。知恵の神も実戦には弱かったのかも知れない。

COLUMN

世界を業火に包む究極の最期・ラグナロク

ラグナロクは神々の黄昏《たそがれ》とも訳され、北欧神話のクライマックスとなる最終章だ。その大筋となるストーリーを紹介しよう。

ことの起こりは、最高神オーディンが世界を創造するより前。神々が存在する以前には、灼熱の国ムスペルスヘイム、極寒の世界ニヴルヘイムしかなかった。あるとき、霜が溶けて原初の巨人ユミルが誕生する。ユミルは牝牛アウズフムラの出す乳で生き延び、霜の巨人と呼ばれる一族を形成する。やがてアウズフムラからブーリという男が生まれ、ブーリはボルという息子をもうけた。ボルは霜の巨人の娘と結婚し、オーディンが誕生する。だが、霜の巨人を嫌っていたオーディンは原初の巨人ユミルを殺害。そしてユミルの体を材料に神々の世界アースガルズや人間の世界ミズガルズなど、9つの世界をつくった。こうした経緯から、霜の巨人は神々を恨み、争うようになる。

オーディンは予言により巨人族との最終戦争が訪れ、神々も滅ぶことを知っていた。その運命に逆らおうと、神話にも書き残されたように、知識や戦士を集めてまわったのだ。

しかし、ラグナロクを回避することはできなかった。ラグナロクの前触れに、まず厳しい冬が訪れる。人間の社会は混乱し、太陽と月も失われる。すべての枷が外れるので、捕縛されていたロキや魔狼フェンリルも解き放たれた。海からは大蛇ヨルムンガンドが襲いかかり、ロキも加勢するムスペルスヘイムは船団を率いて上陸、巨人スルトは世界に炎を放つ。その炎が世界を焼き尽くす中、最強の雷神トールはヨルムンガンドに敗れ、オーディンはフェンリルに丸飲みにされた。そのほかの神々も次々と打ち倒されて、世界は海中に沈んだ。

救いようのないバッドエンドには、後日談がある。海中に沈んだ大地は緑豊かな土地になって浮上し、善良な者が生きる新世界として再生。罪のないバルドルやヘズはよみがえり、新しい世界で過去を懐かしむという一幕で物語は終わるのである。

愛と美の女神の物欲は止まらない

フレイヤ

Profile

優れた知性を持つヴァン神族の出身で、愛と美、豊穣を司る女神として北欧神話の中でも重要な神とされる。オーディンの愛人、または妻フリッグの別名ともされ、諸説あり。非常に美しいが性には奔放で、恋愛に関する悩みごとは喜んで聞き入れるという。

神話
北欧
残酷度
★

セレブ一家のお騒がせお嬢様は猫戦車でお出かけ

父は富と海運の神ニョルズ、兄は豊穣神フレイという、家族そろって豊かさを象徴するまさにセレブな一家出身の女神フレイヤ。優美で美しい姿に、神々もノドから手が出るほど欲しがるという黄金の首飾り「ブリージンガメン」や、着ると鷹に変身できる「鷹の羽衣」といった価値の高い財宝を持っているところは、さすがといえるだろう。

セレブといえばゴージャスなペットがつきものだが、フレイヤの場合は猫がお気に入りだった。

美や魅力を象徴し、気まぐれで奔放《ほんぽう》だと考えられていた猫は、美しい女性のイメージにぴったり。フレイヤは、そんな猫に戦車を引かせて外出したという。
フレイヤには夫がいたが、この夫が突然、旅に出ていなくなってしまったので、フレイヤは猫の戦車に乗って方々を捜した。訪れた各地で涙を流し、その涙は黄金に変わったという伝説もある。その寂しさの裏返しか、彼女のエピソードは性に対して非常にゆるいものばかりだ。
フレイヤが大勢抱えていた愛人の中で、特にお気に入りだったのが人間のオッタルだった。彼が黄金を賭けて、「先祖名の暗唱」対決をしたときには、「力を貸してあげる！」とばかりにフレイヤははりきった。まずオッタルを猪に変え、その猪に乗って知恵豊かな女巨人ヒュンドラのもとを訪ねた。ヒュンドラは猪の正体を見抜いたが、庶民のために力を使ったと思われてはセレブの名折れ。フレイヤは「これは戦用の猪よ。何か?」とシラをきり、そんなフレイヤにヒュンドラは半ばあきれながらオッタルの先祖の名を教えたという。

お宝のためなら貞操も人間界の平和もいらぬ

黄金の首飾り「ブリージンガメン」を手に入れた方法もまたすごい。もともと、この首飾りは4人の小人族がつくったもので、売り物ではなかった。しかしフレイヤは「いくらでも出すから売って!」と猛アピール。すると小人族は「お金には困っていないが、あなたがわたしたちと夜を共にしてくれるなら……」と下卑た条件を出した。さすがのフレイヤも「この醜い小人どもと夜を共にするなんて……」と悩む。しかし首飾りの魅力に惹かれ、ついにはこの要求をのみ、4人とそれぞれに一夜を共にして、首飾りを手に入れたのだった。

だが、フレイヤの淫行を陰から見ていたのが、神界のトラブルメーカー、ロキ(→P12)。ロキはオーディンにフレイヤの行動を密告し、その不貞ぶりにオーディンは激怒。首飾りを取り上げてしまう。体を張って手に入れた逸品を取られては、フレイヤも黙ってはいない。返却を迫るが、オーディンは「2つの国を永遠に戦わせる」という条件を出す。フレイヤは人間界へ行き、ヘジンという王に魔法をかけて正気を失わせ、デンマーク王ホグニとの戦争を引き起こすことに成功。無事に首飾りを取り戻すことができ、さぞ満足したことだろう。ちなみに、ヘジンとホグニの戦いは「ヒャズニングの戦い」と呼ばれ、両国は皆殺しになっては全員が復活して再び戦うという悲惨な運命の輪に閉じ込められてしまった。終わらない戦いは今もどこかで続いているという。

スキャンダルまみれでキリスト教に嫌われる

多情で奔放、時に残酷なまでの物欲を見せる女神フレイヤだが、北欧では決して嫌われてはいなかったようだ。ドイツ語で女性を意味する「フラウ」はフレイヤが語源となっているし、金曜日（フライデー）は「フレイヤの日」が語源で、今でこそ「13日の金曜日」などと縁起の悪いイメージだが、中世以前の北欧世界ではとてもいい曜日とされてきた。

ところが、フレイヤの価値観にNOをつきつけたのが、キリスト教だった。一夫一妻制をとり、不貞を厳しく罰するキリスト教の価値観が広がるにつれ、フレイヤのような女性は激しい非難の的になり、時には魔女扱いもされた。猫が魔女の象徴とされたのは、一説にはフレイヤの猫戦車の影響があるともいわれている。戦車を引かされ、魔女の象徴にまでされてしまった猫にとっては、かなり迷惑な飼い主だったはずだ。

罪深きもの、それは人間！
ヤハウェ

Profile

『旧約聖書』の最高神。ユダヤ教の万物の創造主であり、イスラエル民族の神。天地万物の創造者であり宇宙の支配者でもある。キリスト教のエホバに当たる。名前の由来は神名を表す4文字「ＹＨＷＨ」の音訳。その姿はなく、絵に描いてもいけないとされている。

神話
旧約聖書
残酷度
★★★

神のエコヒイキが人類最初の殺人を引き起こす

『旧約聖書』によると、世界の始まりは神であるヤハウェによって起こったという。ヤハウェは最初に天地を作り、次に天体、自然、動物などを創造していった。そして土から最初の人間アダムとイブを生成した。しかし、人類の成長はヤハウェの理想どおりにはいかなかった。イブが禁断の知恵の実を食べて以来、人間は煩悩を持ち、罪を犯すようになった。そして、ことあるごとにヤハウェを悩ませるようになる。

アダムは、妻となったイブとの間に子供をもうけた。子供はカインと名付けられ、次に弟のアベルが生まれた。アベルは成長して羊飼いとなり、カインは農民となった。ある日、アベルはヤハウェへの捧げ物として、肥えた子羊を持って現れた。カインもまた畑の作物を持ってきた。

ヤハウェは、アベルとその供物《くもつ》に目を留めたが、カインとその供物には目を留めることがなかった。カインは不服な表情を見せたが、神は彼を叱責した。カインにすれば、捧げ物を喜んでもらえなかったうえに、怒られるいわれもない。腹の虫が治まらぬカインは、弟アベルを野原に連れ出して殺してしまった。何食わぬ顔をして帰ってきたカインにヤハウェは「お前の弟はどこだ」と聞いた。カインは「知りません。わたしは弟の監視者なのですか?」と答えた。この言葉が人類史上初のウソであるといわれる。

しかしヤハウェは、真相を知っていた。ヤハウェは殺人と虚言という二重の罪を犯したカインに、不毛な労働と流浪の人生という宿命を与えた。「野菜や穀物よりも肉のほうが好き」という根本的な問題だったのかは不明だが、神らしからぬ好き嫌いがきっかけで、人類初の殺人が発生したことに間違いはない。

罪にまみれた人間への制裁が次第にエスカレート

やがて人間が地上に増えるにつれ、世界には悪と罪と背徳がはびこるようになった。ヤハウェを崇めていた人間たちが「神」の存在を忘れ、好き放題にふるまうようになったのだ。

最初は天から人間を見守っていたヤハウェも、だんだん人間をつくったことを後悔し始めた。ある時、ヤハウェは罪を罰するために、洪水を起こして世界を洗いざらい流すなど激情的な行動に走る。

ヤハウェは罪を罰するために、ヤハウェはソドムとゴモラの街を壊滅させようと思いつく。理由は「性が乱れすぎているから」というものだった。そんなヤハウェと人類の間で、両者の折り合いをつけようとしたのが、イスラエル人の祖アブラハムであった。敬虔《けいけん》で善良なアブラハムは、ヤハウェのお気に入りであった。アブラハムは「その街には正しいものがいるかも知れない。50人、いや正しい者が

10人いれば街を助けて下さい」とヤハウェに乞うた。ヤハウェはそれを承諾し、地上に降りていった。通常の話であれば、「心優しき人間と遭遇し、ヤハウェは街を流さなかった」となりそうなものだが、ヤハウェは乱れすぎた人類を実際に見て、さらに激怒。結局、ソドムとゴモラに硫黄と火を降らせて滅ぼした。

ヤハウェの横暴に遭ったのは乱れた人間だけではなかった。ある日、ヤハウェはアブラハムの信仰心を試そうと思いつき、彼の息子を生贄《いけにえ》に捧げることを命じた。アブラハムは困惑した。なぜ神がそんなむごいことを言い出したのか、まったくわからなかったのだ。だが神の言葉には逆らえない。次の朝早くに、アブラハムは薪を用意し、息子を連れて、神の命じた所に向かった。目的地に着くと、アブラハムは祭壇を築き、薪を並べた。そして息子を縛って祭壇の薪の上に載せると、彼を殺そうとナイフを振り上げた。その瞬間、天から天使の声がした。

「その子に手を下すな。何もしてはならない。あなたが神を畏れる者であることが、今、わかったからだ。あなたは、自分の独り子である息子すら捧げることを惜しまなかった」

アブラハムの信仰は証明され、息子はなんとか命拾いするのであった。

この話は『旧約聖書』の中でも感動的なエピソードとして取り上げられることが多いが、信仰心を試すためとはいえ、ヤハウェの行為は「やりすぎ」と言えなくもない。人間の浅ましい所業を見ているうちに、神も人間不信に陥ったのかもしれない。

シヴァ

怒りの沸点が低すぎる恐怖の破壊神

Profile

インド神話の三大神のうちの一柱。新たな世界の創造のためにすべてを壊しつくすのを役割とする破壊の神。暴風雨の神が前身だったとされ、自然現象としては破壊と同時に恵みももたらすため広く信仰を集める。踊りや歌が好きな芸能の神としても人気がある。

神話

インド

残酷度

★★★★★

愛妻を失った悲しみで発狂、インド各地を破壊してまわる

ヒンドゥー教の寺院の絵画から旅行者向けのお土産まで、シヴァ神はインドのいたるところで目にすることができるメジャーな神様だ。青い体、額には第三の目、先端が3つに割れた鉾を持っているのが一般的なイメージ。また、片足を上げた姿で踊る「ダンシング・シヴァ」のアイコンも有名である。

シヴァは歌と踊りでトランス状態になり、倒した敵（主に悪魔）の上で踊り狂うのだが、その

踊りが終わると世界もまた終わるというからその力の強大さがうかがえる。インドでは踊りは神聖なものとされ、非常に大事にされている。インド映画によく歌と踊りが盛り込まれているが、それもシヴァ神への信仰心が影響しているのだ。

そんな人気者の神なのだが、破壊を司る神というだけあって、その性格は短気で暴れん坊のかんしゃく持ち、端的に言えば激情型の神であった。とにかく怒り狂って我を忘れるというエピソードには事欠かない。シヴァを怒らせると大変なことが起こってしまうのだ。

シヴァが最初の妻サティと結婚したときのこと。サティの父親であるダクシャはシヴァとの結婚に猛反対で、シヴァを宴に呼ばないなどし、徹底的に認めようとしなかった。これを悲しんだサティは、抗議の意を込めて炎に身を投げ自殺してしまう。

彼女を一途に愛していたシヴァは、悲しみのあまり正気を失い、ダクシャの宴をめちゃくちゃにしたあげくにダクシャ自身も殺害。サティの亡骸《なきがら》を抱いたまま、あらゆる都市を破壊してまわったという。

また、こんな伝説もある。サティを失い、悲しみのあまり苦行生活に入ったシヴァ。神々はシヴァの瞑想《めいそう》をやめさせようとして、サティの生まれ変わりのパールヴァティ（↓P108）をつかわした。しかし、シヴァは瞑想からまったく目を覚まさない。そこで、愛の神カーマがシヴァに欲望を持たせるため矢を放つと、見事シヴァに命中。それに気付いたシヴァは、「瞑想の邪魔をするな!」と怒り心頭。第三の目を開き、レーザー光線を発射して、即座にカーマを焼き殺してしまった。

そんな大惨事を経て、パールヴァティと結ばれたシヴァは、彼女のこともまた深く愛した。その後の行動もまた驚きで、ふたりは実に何百年間も交わり続けたというのだ。その振動は地震となって地上の人々を困らせたというのだから、シヴァのスケールの大きさは測りしれない。

風呂に入るかどうかでもめて息子の首を切断!

インドでシヴァと同じか、もしかするとさらに人気があるかもしれない神、ガネーシャの伝説も、シヴァの沸騰しがちな性格がよく表れている。

ガネーシャは人間の体に象の頭を持つ、商売繁盛や学問を司る神。なぜそんな姿になったのか、それは実にささいなことだった。

パールヴァティはシヴァが留守だったあるとき、自分の体を洗って出た垢を集めて人形を作り、それに命を吹き込んでガネーシャという息子をつくった。パールヴァティは自身の入浴中、ガネーシャに見張りを頼むことにした。と、そこへシヴァが帰還。「さて風呂にでも入るか」と浴室へ向かうと、シヴァにとって、見ず知らずの若者がそれを阻止しようとする。ガネーシャから見ると、シヴァは初めて見る要注意人物だった。ふたりは互いが実の親子だとはつゆ知らず、「風呂に入る」「いや、入れることはできない」と口論に。シヴァは「この私の邪魔をするとは!」と大激怒して、ガネーシャの首をバッサリ切断、さらにその首をはるか彼方へ投げ捨ててしまった。

驚いたのは入浴を終えて出てきたパールヴァティだ。見ればなんと、息子の首がない。「この子はあなたの息子なのよ!」と嘆くパールヴァティに、さすがのシヴァもやりすぎたと感じたのだろう、手下を使って頭を探してくるように命じた。手下たちは頭を探して旅をするが、これがなかなか見つからない。「もうなんでもいいから最初に会った生き物の首を持ってこい」と命じるシヴァ。手下たちはしかたなく、最初に出会った象の頭を切り落として持ち帰った。こうして、ガネーシャは象の頭で生涯を送ることとなったのだ。

破壊神にもかかわらず、創造神の地位をぶんどる

シヴァは自身と同じ三大神の一柱、創造神であるブラフマー(↓P112)と争ったこともある。口論の原因は、「どちらが世界の創造者か」という点。ブラフマーは宇宙の真理、叡智《えいち》に通じており、世界の生物の主でもあるとされる。しかし、なにぶん観念的でその説法は小難しく、

なんといってもシヴァのように具体的な力を持っていないのが地味なところだ。

シヴァは「世界を壊すことができる私が本当の創造神だ」と強硬に主張し、ついに激しい大ゲンカになってしまった。ブラフマーは宇宙の叡智に通じているだけあって口は達者。「世界をつくるのに必要な万物の法則を理解しているこのわたしこそが、世界の創造者に決まっておろう。そんなこともわからんのか」と上から目線で物申す。それに怒ったシヴァ。「口ばっかりで動かないくせに生意気な！」とついに沸点へ達し、ブラフマーの5つあった顔のうちのひとつを鷲づかみにして、バッサリと切り落としてしまった。その時はじめてシヴァを怒らせることの怖さを思い知ったブラフマーは、すぐに自分の非を認め、許しを乞うた。そうしなかったならば、ブラフマーの残り4つの頭もなくなっていたであろう。

ところが今度は、シヴァの手から切り取った頭が取れなくなってしまうという事態に。「どうしよう、どうしたら取れる?」と焦るシヴァに、「ガイコツを持ちながら12年間修行をすれば取れる」とブラフマーが知恵をさずけた。シヴァは言われたとおりに人骨を身にまとわせて各地を練り歩いたという。こんな姿のシヴァに出くわした人々の恐怖はいかほどだっただろうか。

ブラフマーという神は仏教に伝播して梵天《ぼんてん》となるのだが、本国のインドではあまり人気がない。一説には、シヴァに敗れたことで地位が決定的に下がってしまい、権威も失墜したのだとか。シヴァを怒らせること、それは一生を棒に振ることと同義なのだ。

インド神話最凶の暴走女神
カーリー

Profile

インド神話に登場する死と殺戮の女神。シヴァ神の妻パールヴァティの憤怒の状態を表したとも、最初の妻サティの亡骸の欠片から生まれたともされる。シヴァと同様に第3の目を持ち、醜悪な怒りの顔で描かれる一方、悪魔を打ちのめす姿は信仰も集める。

神話
インド
残酷度
★★★

悪魔の生き血をすする凶暴な奥さま

「時間」「黒色」を意味する「カーラ」にちなんだ名前を持つ女神カーリーは、破壊神シヴァのファミリーにおいても抜きん出て凶暴な、血みどろの女神だ。その姿は全身黒色で口からは長い舌を出し、たれた乳房もむき出し。手には武器と生首を持ち、動物の皮やどくろの首飾り、悪魔の手足を身にまとう。何本もの腕を持った姿も絵画などでよく見られる。

神話によると、その出自には諸説ある。シヴァ神の妻たちの怒りの状態を神格化したものだと

する説もあれば、美しい戦の女神ドゥルガーが戦っているときにその醜悪な部分が分裂して生まれたともされる。

もともと、女神ドゥルガーと同一視されることもあったカーリー。このドゥルガーという女神もシヴァに匹敵するほど恐ろしい。ドゥルガーは悪魔を退治し、酒や肉などが好きな、荒っぽいが美しい神。三大神のヴィシュヌやシヴァもかなわなかった水牛の鬼神を、槍によるひと突きで殺したこともある。このドゥルガーが魔族アスラの王マヒシャと戦った際、怒りのあまり額が黒く染まり、そこから出現したカーリーが彼らを殺戮《さつりく》したという。

自分の血から分身をつくるアスラ族のラクタヴィジャとの戦いの様相も強烈だ。傷を負っても、流れ出る一滴の血から1000の分身をつくるラクタヴィジャ。増え続ける敵に対して、さすがのカーリーも苦戦する。しかし、カーリーに名案が浮かんだ。なんと傷口から血をすすりはじめたのだ。あっという間にすべての血を飲みつくされ、本体だけになってなすすべもなくなったラクタヴィジャは、カーリーによって倒されたのだった。

勝利を喜んだカーリーは踊りだすが、テンションが上がりすぎたのか、あまりに激しく踊るので地上が破壊されそうになってしまった。これはまずいと、夫のシヴァが自らクッションとなるべく足元に横たわり、衝撃を受け止めて事なきを得た。足元の夫シヴァを見たカーリーは、「ハッ」と我に返り、地上は破壊されずにすんだのだとか。あのシヴァをも足蹴にしてその腹の上で踊るカーリーの姿は、彫像や絵画などでよく目にする、とても人気のあるモチーフなのだ。

悪魔と死を払いのける女神としてカルト教団の信仰の的に

シヴァファミリーの狂犬にしてインド神話最強の女神カーリー。その醜悪さにもかかわらず、悪魔、ひいては死を追い払ってくれる神として民から熱狂的に崇拝された。

カルカッタはカーリー信仰が強い地域のひとつ。都市の名前は、カーリーガート＝カーリーの沐浴場《もくよく》を意味するのだという。そのとある寺院では、血をすするカーリーの姿から血が好物なのだろうと考え、毎日、生贄《いけにえ》として山羊の首を切ってカーリーに捧げていた。その慣習は、恐ろしいことに近年まで続いていたそうだ。19世紀頃までは、祭礼の生贄として成人を迎えた男子を差し出していた地方すらあった。

狂気と紙一重のカーリー信仰には負の側面もあった。それはインドにかつて存在したとされる秘密結社サッグの存在だ。

サッグ団は映画「インディ・ジョーンズ　魔宮の伝説」（1984年）にサギー教という名で登場したこともあるカルト的な暗殺集団。インドがイギリスの統治下にあった19世紀ごろ、主に裕福な商人や旅人をターゲットとしてひたすら殺人を繰り返してはカーリーに捧げた。その殺害方法は黄色いスカーフによる絞殺。カーリーがラクタヴィジャを倒した際、ふたりの人間に布の切れ端を持たせてラクタヴィジャの首を絞めさせたという神話に基づいている。団員ひとりあたり年に数十人、幹部クラスになると数百人も殺していたといわれている。

のちにその存在を危惧したイギリス軍によって滅ぼされたが、信仰のあつさや、弱者に手をかけない義賊的な側面から現地では人気を集めていたらしい。カルト集団の凶行に神話が利用されるとは、カーリー自身が聞いたら大地を踏みならして怒りそうな話である。

ラー
尊敬されたくて仕方がない太陽神

Profile

紀元前に栄えた古代エジプトにおける太陽神であり、最高位の神格を持つ。人の身体にハヤブサの頭、頭上には太陽を象徴する円盤を載せた姿で描かれるが、神話ではその姿がさまざまに変化する。エジプト歴代のファラオはラーの子孫を自称した。

神話
エジプト
残酷度
★★★

神々と合体して2000年の間、しぶとく君臨

ラーという名前はそのまま太陽の意。夜に沈んでも朝には再び空に昇ることから、古代エジプトでは死と再生を繰り返す不死の存在として崇められた。ラー自体、自然界のさまざまな生き物に変形する。日の出の時はタマオシコガネの姿、昼はハヤブサの姿で、夜は羊になって船に乗り、死の世界へ向かうと古代の人々は考えていた。

砂漠のエジプトにおいて、太陽は古代人の死生観に強烈な影響を与えたようだ。ピラミッドを

はじめファラオたちの墓には、死後に再生するための「死者の書」が埋葬されている。これには、王が死後の世界を無事に旅し、ラーの化身となって再生するための行程が事細かに描かれていた。

ラー崇拝のピークは、クフ王やメンカウラー王がギザの三大ピラミッドを築いた古王国時代（紀元前2686～前2185年ごろ）。だが、ピラミッド建造のピークが過ぎるころ、ラー崇拝も衰えていく。のちの時代にテーベに首都が置かれると、テーベ地方で信仰されていた大気と豊穣の神アメンが大人気になる。だがそれでラーへの信仰が薄れるかと思いきや、そうはならなかった。ラーはアメンと合体し、アメン＝ラーとして王家の神となったのだ。その後、紀元前300年頃まで1700年近くにわたり君臨した。この成功にならったのか、ラーと合体した神が各地に増殖した。ラーのしぶとさは伊達ではないのである。

衰えても神の座に居座り、人類救出を自作自演

神話では、ラーははじめナイル川の氾濫《はんらん》期を表す沼の神ヌンの子だった。のちに同様な出自を持つ創造神アトゥムと同一視され、大気の神シュウと湿気の女神テフヌトが生まれた。彼らが行方不明になり、その後無事に帰ってきたときにラーが流した嬉し涙から人間が生まれたという。

2000年以上の崇拝を維持したラーのずぶとさは、神話でも語られており、ラーが年を取っ

てからの伝承にこんなものがある。

老いたラーは往年の輝きを失い、王国内をただ意味もなく徘徊《はいかい》するようになってしまった。そうなるとさすがに信仰心も減少する。沼の神ヌンは「ラーはまだまだ現役である。ラーを敬え」と人間に呼びかけるが、民の心は戻らない。ラーは自分に対して礼すらしなくなった人間に怒り、「私を崇拝しない愚かな人間を少し懲らしめてやろう」と意地悪をすることにした。

ラーは自分の左目をえぐってつくった女神セクメトを地上につかわして「ちょっと困らせてやれ」と指令を出した。ラーとしては己の存在をアピールできればそれでよかったのだが、復讐や伝染病を司るともいわれ、獅子の頭を持つセクメトは予想以上に凶暴だった。セクメトは見境いなく人間を殺戮し、ラーは「やりすぎた！」と後悔。冥界に君臨するオシリス神にも相談し、セクメトを止めることにする。

血に飢え、暴走するセクメトをもはや力で止めることはできない。ラーの指示も無視して、セクメトは暴れまくった。そこでラーは、彼女が寝ている間に血に似せた赤い酒（一説にはビール）をつくらせ、目覚めたセクメトに飲ませた。すっかり酔っぱらったセクメトは、やっとのことで人間を殺すという目的を忘れてくれたのだった。こうして、ラーの自作自演は収束した。その後の成り行きには諸説ある。ラーは崇拝を取り戻したとも、また人間界から追い出されたともいわれている。

狂気をはらんだ月の神

コンス

Profile

エジプト神話の中でもテーベで信仰された神を起源に持ち、月を司る。父は豊穣神アメンで、彼がアメン＝ラーとなってからは太陽神ラーの息子の性質も帯びた。三日月が刃物を連想させるため惨忍な性質を持ち、月の満ち欠けで人間の健康を左右する。

神話
エジプト
残酷度
★★★

ファラオの熱烈支持者は尖ったナイフのような危険な若者

エジプト神話の最高神には太陽神ラーが君臨するが、その対となる月にあてはめられた神こそがコンスである。その名は「さまよい歩く」「旅人」という意味を含んでおり、満ちたり欠けたりしながらふらふらと夜空に浮かぶ姿になぞらえたのだろう。子供らしさの象徴である巻き毛があり、覆い布から出した手には鞭のついた杖を握っているのが特徴。ミイラの姿だが、顔かたちは高貴な美少年というイメージで描かれる。またはハヤブサの頭で描かれることもある。頭上には三日月と満月を組み合わせたモチーフが描かれる。

月の満ち欠けは古代エジプトでは人間の健康に影響すると考えられていたため、コンスは病をもたらす神ともされた。さらに、その名は古代エジプトの言葉で胎盤《たいばん》に響きが似ていたことから、子供の出生にも関わっていると考えられた。特にファラオの誕生においては、母胎にいる時からコンスはファラオに寄り添い、ファラオの出生を見守ったのだという。生まれる前から寄り添うとはなかなかの狂信者だ。そのため、コンスを祀る神殿では、出産後に胎盤をミイラにして捧げることも多かった。

コンスのファラオびいきは、ファラオが死んでからが本番だった。「誕生する前から見届けたファラオ様の死出《しで》の旅に、何も捧げ物がないわけにはいかぬ」。そう考えたコンスは、ファラオ熱狂支持者の素顔をさらけ出す。コンスが考えた捧げ物、それは人間である。コンスは三日月の鋭利な刃でもって人間を殺し、死体を持って王に捧げに現れるのだという。その尖った形になぞらえて、三日月は鎌やナイフの象徴でもある。コンスはまさにナイフみたいに尖った若者だったのだ。その後の処理も血生臭い。なんと、捧げた死体を自ら食べてしまうという。

ラテン語で月を意味するルナから転じた英単語「ルナティック」は精神異常者や狂気を意味する。月光に当たると気が狂うからだという。古代エジプトにおいても月へのイメージは同様のようだ。

乱暴者から日本の英雄へ

スサノオノミコト

神話

日本

残酷度

★★★★★

Profile

イザナギが黄泉の国から戻り、ミソギを行った際、鼻をすすいだ際に生まれた神。イザナギとイザナミの間に生まれた、アマテラスオオミカミ、ツクヨミノミコト、スサノオノミコトという三貴子の末子。「大海原」または「夜の食国」を治めたといわれている。

甘やかされて育った「ワルガキ」

甘やかされて育つことの多い末っ子。特に男の子が末っ子だと、母親が贔屓《ひいき》して育ててしまい、わがままに育ってしまう場合もある。アマテラスとツクヨミを姉兄に持つ末弟スサノオは、そのとおりとんでもないわがままな性格に育ってしまった。世間への迷惑も数知れず、スサノオは愚弟中の愚弟といえるだろう。

父親のイザナギから「大海原を治めよ」と命を受けたスサノオ。しかし、わがままなスサノオ

は父親の言うことなど聞かない。「やだね」とばかりに父の言葉を無視し、「お母さんのいるところに行きたい！」と、根之堅洲国《ねのかたすくに》にいるイザナミ（→P152）を慕って泣きわめいた。スサノオが泣くと、山の木がすべて枯れ木になってしまい、川や海が干上がってしまった。スサノオが暴れて引き起こされた混乱に便乗して、悪神たちも騒ぎだし、世の中に災いがまきちらされることになった。

イザナギは息子が引き起こした事態を知って怒り、スサノオを追放することに決めた。

イタズラではすまされない乱暴狼藉

スサノオは、姉のアマテラスにあいさつしに行こうと、姉のいる高天原《たかまがはら》へと向かった。「スサノオが来る」と聞いてアマテラスは「もしかして高天原を奪いに来るんじゃないかしら？」と想像しておびえ、武装して弟の到着を待った。それまでのふたりの関係は詳しく記されていないが、弟が来るだけで武装するということは、よほどスサノオが乱暴狼藉《らんぼうろうぜき》を働き続けたと想像できる。姉が乱暴な弟を忌み嫌っていたのがよくわかるエピソードだ。そしてこのスサノオ来訪が、地上を揺るがす事件につながっていく。

高天原に着いたスサノオ、武装した姉に一生懸命説明し、なんとか「害を与えるつもりで来たのではない」と説得して武装を解除してもらった。しかし一筋縄でいかないのがスサノオ。「ひっかかったな！」とばかりに手のひらを返したのである。しかもちょっとではすまないご乱心、ご乱行の数々を繰り広げるのだ。

スサノオはまず手始めに、アマテラスの作った田を破壊し、神殿には糞尿をまきちらした。さらには神に捧げるための機《はた》を織る「機織り小屋」の屋根を壊して、そこから皮をはいだ馬を投げ込んだため、アマテラスがケガをしただけではなく、アマテラスの侍女が驚いて死んでしまうという殺人事件まで起こしてしまった。

最初のうちは「酒に酔っているのではないかしら」などと、弟をかばっていたアマテラスだったが、スサノオの目に余る乱暴に危険を察知したのか、「もう耐えられない……」と思ったのか、「天岩戸《あまのいわと》」と呼ばれる洞窟に逃げ込み、固く扉を閉ざしてしまった。太陽の神であるアマテラスが職務放棄したことで、世界は闇に包まれて荒んでしまった。

なんとかアマテラスを洞窟から引っ張り出すことに成功したのち、激怒した神々はスサノオの髪とヒゲを切ってツメを抜き、高天原から追放した。こうして住むところを失ったスサノオは地上へ降り立ち、信じがたいことに日本神話の英雄になる。

出雲国へと降り立ったスサノオは、娘を囲んで泣いている老夫婦に気づいた。理由をたずねると、ヤマタノオロチをしずめるために7人の娘を次々と生贄《いけにえ》にしていたのだという。たったひとり残った8人目の娘「クシナダヒメ」も生贄にしなければならなくなったため、悲しくて泣いていると教えてくれた。

ヤマタノオロチを倒しヒーローに

クシナダヒメが美しい姫君だったからかどうかはわからないが、スサノオは「クシナダヒメをくれるなら助けてやろう」と提案。娘がオロチに食べられるか、よくわからない若者に渡すか。老夫婦とクシナダヒメは後者のほうがいいと判断し、スサノオに運命を預けることにした。

スサノオはクシナダヒメを神聖なクシに変えて自分の髪に差し、オロチの頭と同じ8つの酒樽を用意して迎え撃った。夜になってオロチがやってくると8つの頭はいっせいに酒を飲み、酔っ払ってすべて寝てしまった。スサノオは眠った頭を手にした剣でひとつずつ切り落とし、オロチを退治した。尾を切ったとき、剣の刃が欠けたので割いてみると、中から立派な剣がみつかった。これが「三種の神器」のひとつ「草薙剣《くさなぎのつるぎ》」である。スサノオは「このような神々しい霊験で現れた剣は、私が持っているわけにはいかない」と、天の神に献上した。その後、スサノオはクシナダヒメと結婚し、子どもにも恵まれて、出雲で幸せに暮らすことになる。オロチ退治によってスサノオの株は上がり、一連の愚行は「若気の至り」ということになった。

COLUMN

アメノウズメのストリップで救われた世界

弟スサノオの乱暴に耐えられず、天岩戸に引きこもったアマテラス。太陽神が隠れてしまったので、天界も地上も闇に閉ざされてしまった。疫病や災いが次々襲いかかり、悪神がここぞとばかりに暴れだしたというのは先述の通り。

なんとか出てきてもらいた神々は、頼んだり、力ずくで扉を開けようとしたりと、さまざまな手を尽くしたが扉は開かない。悩んだ神々が思いついた案が「岩戸の前でどんちゃん騒ぎをして、アマテラスを誘い出そう」というものだった。

祭壇を作り、お供えをして飾り付けさっそく宴会が始まった。メインの出し物はアメノウズメノミコトという女神のダンス。芸能を司る女神が日本初の踊り子として岩戸の前でダンスを披露したのだ。このダンス、実は芸術的なダンスではまったくなかった。「乳房をあらわにし、性器が今にも丸見えになりそうな」と記されているように、開放的なダンス、要するにストリップショーだった。酒にも酔った神々は日本最古のストリップショーに大喜びし、大歓声をあげた。今も昔も、神も人間もストリップショーは最高の娯楽だったのだ。

外の楽しそうな声を聞いたアマテラス。「真っ暗で楽しいことなんかあるはずないのに！」と気になり、何をしているのか聞いた。するとアメノウズメは「アマテラス様より尊い神が来られたので、喜んでいるのです」と答えた。ダンスだけではなく機転も利く女神の巧妙な返答を聞いたアマテラスは、「嘘でしょ！」とプライドを傷つけられ、外を見ようと少し戸を開けた。そこに「ほら」と鏡を差し出した。映っているのはアマテラス自身。自分の顔を見たことがなかったアマテラスは賢そうな美人の顔を見て驚き、もっとよく見ようと戸を開けて身を乗り出した。その瞬間、力自慢の神アメノタヂカラオノミコトが岩戸をこじ開けた。あまりに勢いよく開けたので、その戸は出雲から長野県の戸隠まで吹き飛んだと現在にも伝わる。こうしてアマテラスは岩戸から出てくることとなり、高天原と地上は光を取り戻したのだ。

月の神になったアマテラスの愚弟

ツクヨミノミコト

神話
日本
残酷度 ★★

Profile

アマテラスの弟でスサノオの兄である夜を統べる月の神。『古事記』ではイザナギの右目から生まれたとされ、アマテラス、スサノオとともに重要な三柱であった。『日本書紀』以降も文献に登場し、『万葉集』でも詠まれている。現在もツクヨミを祭神とする神社が各地に残る。

豊穣の神のもてなしに激怒し惨殺、姉アマテラスに嫌われる

アマテラスの弟として生まれたツクヨミ。漢字では「月夜見」と書かれ、文字の通り、夜を統《す》べる月の神とされる。太陽の神であるアマテラスやスサノオ（↓P48）と異なり、『古事記』では記述がほとんどないが、『日本書紀』に彼が月の神となった理由が記されている。

ある日、ツクヨミはアマテラスにお使いを頼まれた。それは神々の住む高天原《たかまがはら》と死者の国の中間に位置する葦原中国《あしはらのなかつくに》、つまり地上で仕事をしている食物の神、ウケモチ（保食神）の様子を見

てくるというものだった。

ツクヨミは「そんなことは簡単だ、任せろ」と言い、意気揚々と出かけていった。葦原中国でウケモチを見つけ、ツクヨミが話しかけるとウケモチは大喜び。ツクヨミを屋敷に連れて行き、ご馳走をすると意気込んだ。ウケモチはツクヨミを座らせ、「御覧あれ！」と言わんばかりの表情でもてなしを始めた。ウケモチは陸を向いて口から米を吐き出し、海を向いて口から魚を吐き出し、そして最後に山を向いて獣を吐き出した。

最上級のもてなしをしたウケモチは「さあ召し上がってください」と満面の笑顔でツクヨミに語りかけた。しかし、ツクヨミは顔を伏せて震えている。そして急に立ち上がると、「貴様は吐き出したものを私に食べさせる気か！」とウケモチを斬り殺して帰ってしまった。

高天原に着いたツクヨミはアマテラスにこのことを報告した。「穢《けが》らわしい奴だったので、殺しました」と聞き、アマテラスは愕然《がくぜん》。青ざめた顔で「もういい、あんたの顔なんか二度と見たくない」とツクヨミに告げた。それからアマテラスは太陽の神、ツクヨミは月の神として別々に暮らすようになったという。アマテラスはツクヨミを追い出すと使いの者を呼び、ウケモチの屋敷へと送った。ツクヨミが言ったようにウケモチは死んでいたが、亡骸《なきがら》の頭からは牛馬、額から粟《あわ》、眉から蚕《かいこ》、目から稗《ひえ》、腹から稲、陰部から麦、大豆、小豆があふれ出ており、使いの者がこれを持ち帰るとアマテラスは大変喜び、これを人間の食物としたという。

残虐非道の遊びを嗜んだ極悪天皇
オハツセワカサザキノミコト

神話
日本
残酷度
★★★★★

Profile

第25代武烈天皇。父は仁賢天皇、母は春日大娘皇女。『日本書紀』によると子はいなかったとされる。厳格な裁判を行うなど評価されているが、悪行に関する記述がほとんどを占める。実在した人物であるかについては現在も議論が続けられている。

人を殺すことを楽しむ残酷な天皇

日本史上、もっとも苛烈な行いをしたとされるオハツセワカサザキノミコトこと武烈天皇。『古事記』にはほとんど記述がないが、『日本書紀』には「常軌を逸した」という言葉では足りないほどの彼の悪行が列挙されている。彼が残酷な行いをするようになった原因として、一説には失恋で自暴自棄になったことが挙げられている。

皇太子であったころ、美人と有名な物部《もののべ》麁鹿火《あらかひ》の娘である影媛《かげひめ》との婚約を試みたオハツセは、彼女に求婚するために歌を用意し、歌垣《うたがき》でそれを影媛に披露した。歌垣とは現在でいう合コンのようなものであった。若い男女が集まり、気の合った者同士が結ばれる。しかし、影媛には平群鮪《へぐりのしび》という恋人がいたのだ。オハツセの渾身《こんしん》の歌に対し、鮪の待ったがかかる。影媛も「私は鮪のもの、もうそういう関係なの」という歌を返し、失恋と同時に公然の場で恥をかかされたオハツセは猛烈に怒り狂い、鮪の一族を誅殺《ちゅうさつ》。もともと乱暴であった彼の性格は、この事件を機に輪をかけて残虐になっていったという。そして即位して武烈天皇となると己の権力を振りかざし、残虐すぎる遊びを行うようになる。

①妊婦の腹を割き胎児を鑑賞する。②人の爪を剥がして芋を掘らせる。③人の頭髪を抜いて木に登らせ、その木を切り倒して殺す。④人を池の樋《とい》に伏せさせ、水圧に耐えきれずに流れてきたところを矛で突いて殺す。⑤人を木に登らせ、弓で射落として殺す。⑥女たちを丸裸にして、乾いた板に跨がらせる。その前で馬に交尾をさせ、板が湿っていた者を殺す。

武烈天皇がこのような残虐性を見せたということが『日本書紀』に記されている。さらに武烈天皇はこれらの悪趣味な遊びをして、「快としたまふ」「楽としたまふ」「咲いたまふ」と大層ご満悦の様子だったらしい。

しかし、武烈天皇が本当に残酷な人間であったのか疑問点も多い。現在では『日本書紀』の筆者が、血統が弱い次代の継体天皇の即位を正当化するためにでっち上げたとも言われている。

周囲にも純潔を強要する潔癖な女神

アルテミス

神話　ギリシャ
残酷度　★★★

Profile

ゼウスと女神レトの間に生まれた、月の女神。狩猟と純潔も司る処女神で、双子の兄は太陽神アポロン。生まれてすぐゼウスに、弓矢と狩り用の長靴をねだり、生涯処女を守ること、妊婦の守護神になることを願い出たという。ニンフを連れて狩りをするのが趣味。

純潔のために殺人も。近づく男には死あるのみ

処女神として知られるアルテミス。己に純潔を誓い、純潔以外は認めないという頑固な女神だった。自分の純潔を守るだけなら誰にも迷惑をかけることはないが、アルテミスは周囲にもそれを求めた。取り巻きのニンフ（妖精）がゼウスに無理矢理犯されたと知ったときは「汚らわしい！」と激怒。「ふしだらな、二度と私に近づくな」とまで言ったというから相当に潔癖だったのだろう。仲良しの女子同士でもその姿勢なのだから、もちろん無礼な男には容赦がない。純潔で潔癖な

女神は、たまたま裸を見ただけの男ですら、惨殺してしまうのだ。狩人のアクタイオンが山で牡鹿を追っているとき、泉で沐浴しているアルテミスとニンフに気づいた。あまりに美しいその光景にアクタイオンは心を奪われ、思わず見とれてしまったという。その視線に気づいたアルテミスは「人間の分際で、女神である私の裸を見るとはハレンチだ！」と激昂《げっこう》し、アクタイオンを牡鹿に変えてしまった。アルテミスはさらにアクタイオンが連れていた猟犬をけしかけ、牡鹿になったアクタイオンをバラバラに食いちぎらせて、殺してしまったのだ。さらにその狩猟犬を「でかした」とばかりに夜空に上げ、おおいぬ座とこいぬ座にしたという。第一、そんなに怒るなら人間がウロウロしているような屋外で水浴びするのはどうなのか。そんなに見られたくないなら、神殿で風呂に入ればいいのでは……。そんな考えもアルテミスの掟の前では通用しないのだ。

そんなアルテミスも恋をしなかったわけではない。ある時最初で最後のロマンスが訪れた。海神ポセイドンの息子であるオリオンと仲良くなったのだ。しかしオリオンはプレイボーイで有名。アルテミスの貞操の危機に焦ったのは本人ではなく、なぜか兄のアポロン（↓P124）だった。妹がかわいくて仕方ないアポロンは遠くにいるオリオンを指して「あの米粒みたいに小さな丸太を射抜けるかな？」などと妹をけしかけ、誤射させて殺してしまったのだ。

アルテミスはゼウスに頼んでオリオンを星座にしてもらったが、なんとも後味が悪い結末だ。そんな兄のゆがんだ愛情も、ますますアルテミスを潔癖にさせたのかもしれない。

腕ずくで布教したドS仏

降《ごう》三《ざん》世《ぜ》明《みょう》王《おう》

Profile

五大明王の一尊で、過去・現在・未来の「三世」、または欲界・色界・無色界の「三界」にわたって諸悪を退け、貪《ひん》（貪り）・瞋《しん》（怒り）・癡《ち》（愚かさ）の「三毒」を滅ぼすとされる。顔が3つあり、それぞれに目が3つ付いている。手は6本（もしくは8本）。

神話
仏教
残酷度
★★

アメとムチならぬ、縄と炎で改宗を迫る

慈悲深く、人々を救ってくれる存在でもある仏様。しかし彼らの世界にもエキセントリックな仏が存在する。その名は「降三世明王」。名前は「三つの世界を降伏させた者」くらいの意味だが、もっと詳しく言うと「三千世界の支配者であるシヴァを倒した勝利者」という意味である。シヴァというのは、もちろんあのシヴァ（→P32）のこと。怒ると手に負えないことで有名なヒンドゥー教の最高神にも勝利した最強の仏ということだ。

降三世明王は炎と縄を使って天界を守り、仏の教えを信じない人々を導くのが主な役目だった。人間界と仏の世界をへだてる「火生三昧《かしょうざんまい》」という炎の世界で、人間たちの煩悩が天界に影響しないように見張り、まずい状況になったら、聖なる炎を使って煩悩や欲望を焼きつくす。

仏の教えを信じない者に対しては「慈悲の怒り」を爆発。炎と縄を使ってきついお仕置きをして、無理矢理にでも改宗させるのだ。ムチ（縄）で叩き、炎責めするのである。さすがにサディスティックすぎるやり方だ。痛みと恐怖でもって、人々を思いのままにあやつる。果たしてそれで布教と言えるのかは疑問が残る。

その異常性の餌食になるのは、何も人間

ばかりではない。他教の神に対してもムチでお仕置きして言うことを聞かせてしまうのだ。

ヒンドゥー教の最高神をも屈服させる?

ある日、大日如来《だいにちにょらい》に「ヒンドゥー教世界を救うためにあっちの神を仏教に改宗させてこい」と命令された降三世明王は、シヴァのところに行き、ヒンドゥーの神々に改宗を迫った。しかしヒンドゥー教の最高神シヴァとその妻であるパールヴァティは、そう簡単には改宗などするはずもない。言ってわからないようなら力でわからせるしかないと判断した降三世明王は、シヴァとその妻をやはり炎と縄で叩いて屈服させ、ついには足蹴《あしげ》にしてしまった。現代に伝わる仏教画を見ると、降三世明王が1組の男女を踏みつけている。それがまさにシヴァとパールヴァティで、このときの様子を描いたものである。武力で布教を行ったことを堂々と誇示しているのだ……。

降三世明王に敗北を喫したシヴァとパールヴァティは、仕方なく仏教に帰依したとされる。シヴァは大自在天《だいじざいてん》、パールヴァティは烏摩《うま》と名を変え、仏教の世界で生きることになった――というのが仏教側の見解なのだが、その後もヒンドゥー教がなくなったという話は聞かない。もしかすると、シヴァたちを改宗させられなかった降三世明王が上司である大日如来に「うまくやりました」と虚偽報告をした、つまりウソ武勇伝を語ったということなのかもしれない。

COLUMN

厳しすぎる審判、小さな罪でも地獄行き!

地獄とは死後の世界のひとつ。生前に悪行をした者が送られ罰を受ける場のことだ。仏教には「八大地獄」や「八熱地獄」があり、それぞれ違う性質を持った8つの地獄が存在する。殺生を行った者が落ちる地獄が一番軽く、罪を重ねるとより過酷な地獄に送られる。

生き物の命を奪うと「等活《とうかつ》地獄(想《そう》地獄)」に行く。小虫を殺した程度でも懺悔をしなければ地獄に落ちるので注意が必要だ。ここは死者同士が殺し合う地獄で、何度殺されても復活し、500年もの間、殺し合いを続けなければならない。盗みを重ねた者が落ちるのは、熱く焼けた鉄や縄で責められる「黒縄《こくじょう》地獄」。淫らな行いを繰り返すと、鉄の山に押しつぶされたり、剣の葉を持つ林の中で切り刻まれたりする「衆合《しゅごう》地獄」行きだ。酒を飲んだり、売り買いした者は「叫喚《きょうかん》地獄」。地獄の鬼にいたぶられながら熱湯の大釜で煮られるという。ウソをついた者を待ち受けるのは「大叫喚地獄」。ここに落ちると、叫喚地獄の10倍の苦を受けることになる。仏教の教えに反したり、考え方の違う教えを広めたり、実践したりすると「焦熱《しょうねつ》地獄」行き。赤く熱した鉄板や鉄串で、常に極熱で焼かれ焦げる地獄で、この地獄に比べれば、今までの地獄の炎はまるで雪のように冷たく感じるほどだという。尼僧や童女に対して強姦をした者は、今までの地獄をさらに10倍にしたほど過酷な「大焦熱地獄」に落とされることになる。

最後の地獄は「阿鼻《あび》地獄」または「無間《むげん》地獄」と呼ばれる地獄。父母や聖者を殺害した者だけが落ちる、まさに究極の地獄となる。剣樹、刀山、熱湯などの苦しみを絶え間なく受け、鬼に舌を抜かれる。この地獄に比べると、これまでの7つの地獄は夢のように幸福だと感じるほどに苛烈な地獄だという。

仏教上の罪が地獄行きにつながるため、「えっ、そんなことで?」と思う小さな罪も見逃されない。自分が意識していないことでも、地獄に堕ちてしまう原因になり得るので細心の注意を払おう。

女媧《じょか》

人頭蛇身の適当アーティスト

Profile

中国の古代神話に登場する女神。人の頭と腕、蛇の身体を持っている。割れた天地を補修し、人類を創造した造物主としても有名である。男性神の伏羲《ふくぎ》と夫婦と考えられており、絵では人頭蛇身の二柱が互いの尾を絡み合わせている姿で描かれることが多い。

神話
中国
残酷度
★

気まぐれな女神が格差社会の元凶？

収入、見た目、才能、環境など、いつの世も格差は絶えない。努力次第で解決できる場合もあるが、どうにもしようがないことも多いのが世の常だ。例えば、中国神話によるとすべての人間は生まれつき2種類に分類されるという。すなわち「優れた人」と「凡人」である。人間の優劣が生まれたときから決まってしまった原因は、どうやら女媧という女神にあるらしい。

女媧は宇宙創生の神と言われ、人間の頭と腕、蛇の身体を持つ女神である。たぐいまれなる美貌と知恵を持ち合わせている上に、手先が器用だった。『淮南子《えなんじ》』によると、太古に天を支えていた4本の柱が折れて、天が崩れ落ちてしまった。地面は割けて火事や洪水があちこちで起こり、猛獣や怪鳥が現れて人々を苦しめた。そこで女媧は、5色の塗料で天空を塗り、大亀の足を切り取って東西南北の四方に配置したという。つまり、カラフルで独創的な天地を再構築したということだ。女媧は今で言う才色兼備でアーティスト気質だったのかもしれない。

『風俗通義《ふうぞくつうぎ》』という後漢末の書物によると、人間も女媧がつくった作品のひとつということになっている。ある日、女媧は世界に自分以外の誰もいないことを寂しく思った。そこで川に映った自分の姿に似せて、黄土と水をこねて泥人形をつくると、フッと息を吹きかけた。

すると人形は命を宿し、声を発して動き始めた。楽しくなってきた女媧は、せっせと人間をつくり続けた。しかし、時間が経ち人間が世界に増えてくると、女媧はだんだん泥人形づくりに飽きてきた。ひとつひとつ土をこねてつくる作業は意外に大変だったのだ。

気まぐれな女神は「もっと楽に人間がつくれないかしら?」と考え、手元の縄を泥の中に浸して引き上げた。縄の先からは泥のしずくがぽたぽたと落ち、それもまた人間の姿を取った。しかし、それは女媧がまじめに泥をこねてつくった人間よりも、ずっと出来が劣るものだった。

このことから、中国では出来のいい人や金持ちを「女媧が泥をこねてつくった人」、出来の悪い人を「女媧が縄からつくった人」と言い表すことになったという。

地上を歪ませた執念深い呪いの神
共工《きょうこう》

Profile

古代帝王の一柱、炎帝神農《えんていしんのう》氏の一族。雷を司り雨を降らせる。黄帝《こうてい》と戦った蚩尤《しゆう》に匹敵する竜形あるいは人面蛇身の悪神。有名な洪水神で、洪水の洪の字は共工の共からきているといわれる。人面蛇身、人の手足を持ち、貪欲にして性格が悪く愚鈍頑固であったという。

神話
中国
残酷度
★★★★

1000年にわたって執拗に反乱を続けた水神

古代中国神話の三皇の一柱であったとされる共工。炎帝神農氏に属す神で水を司り、黄帝と帝位をめぐって激しく争った。神農氏の徳が衰えて政治が乱れたとき、黄帝が現れて炎帝を玉座から追い落とし、自らが皇帝の位に就くと、炎帝の一族を南方に封じた。この仕打ちを恨んだ共工は黄帝の体制に反旗を翻す。

「このような仕打ちになぜむざむざと黙って引っ込んでいなければならぬのか！」

一族を率いて黄帝に弓を引いた共工は、雨雲を呼び、川を氾濫《はんらん》させて洪水を起こした。中国全土は洪水に覆われて水浸しとなり人々はあっという間に呑み込まれていった。そして世界を混沌の中にたたき落とし、そのすきに乗じて、体制に不満を持つ諸侯を配下にして自分の勢力を拡大した。

天地を支える柱を折り、混乱を巻き起こす

黄帝側との戦いは熾烈を極め、同じ炎帝の出身である蚩尤《しゆう》と並んで、体制に逆らう恐るべき悪神と呼ばれた。共工は幾度も敗れたが、戦いをやめるどころか、もっと激しい反乱を起こすようになった。ある時、興奮した共工は勢い余って不周山《ふしゅうざん》に頭を打ちつけた。ところがこの不周山は世界の外壁にあたり、天地を支える役割を負っていた。共工の暴挙によって天は西北に、地面は東南にがくっと傾いてしまったのだ。これにより、太陽、月、星はことごとく西北方向に移動し、中国の大地を貫流する諸河川はすべて東南の方へ流れるようになったという。

しかし共工は懲りずに何度も反乱を起こし続け、体制に恨み節をぶちまけ続けた。共工は1000年にわたって反乱を起こし、人々を困らせたという。共工はその後処刑されたが、今も暗い水の底で呪いをかけ、洪水を引き起こすと言われている。

地の果てまでも追う執念の創造神
パリアカカ

Profile

インカ神話のうちアンデス西部のワロチリ地方に伝わる神。創造神の一柱であり、水と風雨、雷を司る。ワロチリでは先住民族を追い出した新興勢力が信仰していた神とも言われ、その経緯が先代の地神であるワリャリョ＝カルウィンチョとの戦いに象徴される。

神話
インカ
残酷度
★★

恩恵と災厄をもたらす二面の神

ペルー西部の先住民族による「ワロチリ文書」によると、パリアカカは雨と雷、洪水を司る水神であった。農耕を生業とするペルーの民族にとって、水は恩恵であると同時にすべてを流し去る脅威でもあった。水神であるパリアカカは信者には恵みを与えるが、敵には容赦しない凶暴さを持ち、尊敬と畏《おそ》れの対象であった。

古《いにしえ》の昔、コンドルコトという山の頂に5個の大きな卵が出現した。その5個の卵からハヤブサが生まれ人間に姿を変えた。そのひとつがパリアカカである。勇敢な性格だったパリアカカは、生まれ出ると同時に、当時ワロチリ地方で絶対的な権威を持っていたライバル神のワリャリョ＝カルウィンチョと戦うことにした。火を司るカルウィンチョは、乱暴で獰猛《どうもう》な悪神として君臨し、人間の子供を生贄として食べる悪神として知られていた。生まれたばかりのパリアカカの宣戦布告に、カルウィンチョは怒り狂って攻撃を仕掛けた。天にも届くほどの巨大な火を駆使するカルウィンチョと、稲妻をあびせ続けるパリアカカの壮絶な攻防は長い期間続けられた。やがて両神の戦いに勝負がついた。逃げ出したのはカルウィンチョだった。

パリアカカはカルウィンチョを逃がさなかった。カルウィンチョが再びワロチリの支配を考えないように、徹底的に叩きつぶす必要があったのである。パリアカカは姿を消したカルウィンチョを追って、貧しい人間の姿に身をやつして旅に出た。

道中、パリアカカはワガイウサという村に立ち寄った。そこで水と食べ物を乞うたみすぼらしい風体のパリアカカに対して、村人たちは「汚いやつだ」と嘲《あざけ》り、施しをしなかった。村人の心ない仕打ちに対し、パリアカカは復讐を決めた。その夜、唯一飲み物とトウモロコシをふるまってくれた村娘とその家族を遠くに逃がすと、心おきなく村に洪水を起こして住民を海まで流し去った。パリアカカは自分を崇拝しない者に容赦しないのだ。こうした旅の末にパリアカカはついにカルウィンチョを降伏させた。その後、パリアカカは自分を崇める儀式を広めてまわったという。

終末に向かう北欧神話の世界

世界の終末に立ち向かう神々

戦争と死の神オーディン、その子供とされる雷神トールや戦神テュール、そして神に仇なす悪神ロキ。北欧神話とは、彼ら荒々しい神々が世界の終末の日までに行う駆け引きや争いを描く物語である。その起源は、ヨーロッパにキリスト教が普及する以前に主にスカンジナビア半島で語り継がれてきた伝承だ。

北欧神話が描く世界観をまとめると次のようになる。世界はまず9つある。それはオーディンがつくったものだ。最上階にあるのはアースガルズ＝神々の世界。最下層には氷の巨人が住むニヴルヘイムがある。その間にミズガルズ＝人間の住む世界や、アルフヘイム＝美しいエルフたちの世界などがある。

オーディンが世界をつくったその日から、世界の終末の到来は避けられないものとしてあった。オーディンは人間世界に争いの種をまき、戦死者の魂を戦乙女ヴァルキリーに集めさせる。そうして戦士を集めて、神々と巨人族らが争う最終戦争ラグナロクに備えるのである。だが、最終戦争ラグナロクでは神々はなすすべもなく滅んでいく。

厳しい北国に住んだ ゲルマン人の神話

北欧神話の神々を信仰したのは、その名の通り、北ヨーロッパを中心に住んでいたゲルマン人である。ゲルマン人とは、ドイツや北ヨーロッパ、スカンジナビア半島沿岸部に住んでいたケルト民族以外の民族を総じた呼び名だ。もとはスカンジナビアの西、現在のノルウェーあたりにいたノース人がヨーロッパ北部に広がって形成されたとされ、その中にはヴァイキングや、島国アイスランドの民も含まれる。地中海一帯を征服していた共和制ローマからの独立を保っていた彼らは、独自の文化や信仰がキリスト教化されずに長く残されていた。ゲルマン人の神々はさまざまな詩や散文として記録されていったのである。

一説には、北欧神話の舞台はアイスランドではないかといわれている。アイスランドにある卓上火山（氷床火山の噴火でできる平坦な形の火山）がアースガルズの描写の特徴と一致しているためだ。火山と氷河が同居するアイスランド固有の自然環境が北欧神話の成立に大きく影響したことは想像に難くない。

神話の原典は 2つの「エッダ」

北欧神話の文献のなかで最も古く、おおよそ原型ともされているのが、11世紀ごろの成立と推測される「古エッダ」だ。これはアイスランドのスカルウルホルトという村に住んでいたブリュニョールヴル司教によって17世紀に発見されたもので、45枚の羊皮紙からなる。のちにその写本がデンマークの王立図書館に収蔵され、「王の写本」という別称でも知られている。「王の写本」に記されていたのは、神々の物語と人間の英雄たちの物語だった。特に重要視された物語はオーディンによる世界の創造から終末の到来、その後の世界を語った「巫女の予言」、そして竜殺しのシグルズに関するいくつかの詩だ。この写本と同時代にうたわれていたとされる「バルドルの夢」や「ヒュンドラの歌」といった各地の歌謡群も加えて「古エッダ」（または詩のエッダ）と呼ばれている。

詩で神話を伝えた スノッリのエッダ

もうひとつ、重要な資料がある。13世紀にアイスランドの詩人、スノッリ・ストルルソンが記した詩集だ。これは、スノッリが収集した歌謡集を詩の教本という体裁でまとめたもので、「スノッリのエッダ」と呼ばれる。そもそも、ブリュニョールヴル司教が発見した「古エッダ」は、「スノッリのエッダ」の原本ではないかと考えて名付けられたものだった。

「スノッリのエッダ」は3部構成。第1部「ギュルヴィたぶらかし」は世界の創造から終末までの物語を記しており、「巫女の予言」との共通点も見受けられる。第2部は「詩語法」で、ケニングという北欧の詩独特の技法を解説しながら、再び神々の物語をいくつか挿入している。第3部は「韻律一覧」で、スノッリ自身の詩がお手本として記されている。

「スノッリのエッダ」は、当時ばらばらだった神話の物語をよく系統立ててまとめていた。詩の教本という体裁にしたのは、当時すでにキリスト教化されていたアイスランドで北欧神話を記述することが難しかったからだろうか。真相は定かではないが、この詩集がなければ、現在ほど北欧神話が解明されてはいなかっただろうと言われるほど、重要な資料となっているのである。

神々への信仰は現代フィクション作品へ

ゲルマン人たちが彼らの神々をいかにして信仰したのか。その内実を知るのは困難だ。ゲルマン人は他の神話のように神殿や教会など、信仰のより所を持つことがまれだった。唯一、スウェーデンのウプサラにある神殿跡がトール、オーディン、フレイの三神を祀っていたのではと考えられているが、あくまで仮説にとどまっている。

それでも、ゲルマンの神々は現代に語り継がれた。その影響が最も表れているのは、小説や映画などのフィクションの世界だ。ハリウッド映画「マイティ・ソー」は、雷神トール（英語読みではソー）が主人公。北欧神話の世界をダイレクトに表現しつつ、現代を舞台にトールが大活躍する。そのほか、ゲームの悪役や怪物、武器などにも北欧神話由来の名称は数多く見られる。

北欧神話をモチーフにした超人気作品

北欧神話の現在の人気を語る上で欠かせない作品がJ・R・R・トールキンによる『指輪物語』だろう。巨人＝トロールや小人＝ホビットをはじめ、ルーン文字にエルフといった北欧神話のモチーフの世界的な知名度アップに貢献した。出版されたのは第二次世界大戦後の1954年。以来、世界各国で人気を博し、のちのファンタジー作品へも多大な影響を与えた。

『指輪物語』はその後、2001年から「ロード・オブ・ザ・リング」3部作として、映画化され人気を博した。2012年からは前日譚に当たる「ホビットの冒険」も公開されている。

神に関する名言集

神々と肩を並べるには、
たったひとつのやり方しかない。
神々と同じように残酷になることだ。

サルトル『カリギュラ』より

第二章
愛欲の神々

性欲を持て余し、愛欲をたぎらせる神々。
自由気ままに快楽に溺れ、
時に人間の娘や女神を姦淫し、
近親相姦もいとわない。
そして、放埒《ほうらつ》な神々の愛は、
しばしば思わぬ結果を呼ぶのであった。

愛欲まみれの鬼畜系最高神
ゼウス

Profile

ギリシャ神話の主神で、天空・全宇宙を統治する全能の神。ギリシャ神界の最高神で、オリンポス十二神をはじめとする神々の王として君臨する。天候を自在に操り、特に雷を武器として使う。父はクロノス、正妻はヘラ、兄は冥界王ハデスと海王ポセイドン。

神話
ギリシャ
残酷度
★★★

嫌がる相手と関係を結ぶのがゼウスの趣味

ギリシャ神話の最高神として恐るべき強さとカリスマ性を発揮するゼウスだが、ギリシャ神話きってのプレイボーイとしても有名だ。神、妖精、人間、相手が何であろうとお構いなし。地位や能力を悪用して、無理矢理に関係を結んでしまう。その遍歴はとにかく凄まじい。ゼウスの子どもを生んだ女性は20人以上。神々をも束ね、全宇宙を統治する最高神は、好色であるだけでなく、絶倫でもあり、見境なく関係を迫っては子供を生ませてしまう、迷惑極まりない困った神様

なのだ。その上、ゼウスの正妻であるヘラ（→P132）もまた恐ろしかった。ヘラは非常に嫉妬深く、ゼウスの浮気相手に意地悪をしたり、最悪、命を奪ったりしてしまう。ヘラと愛人の間に壮絶な愛憎劇が展開されていても、そんなこともゼウスには関係ない。妻も浮気相手も不幸にするという点では、だらしないダメ男だとも言えるだろう。

ゼウスの恋愛方法はちょっと変わっている。「好きよ」とすりよってくる女に手を出すわけでもなければ、「お前が好きだ」と正々堂々と愛を告白して関係を結ぶわけでもないのだ。全能の神なのに不思議に感じるかもしれないが、ゼウスは嫌がる相手と関係を結ぶことに興奮したようだ。一種の異常性癖なのか、とにかくゼウスにはそういったエピソードが多い。

気に入った相手を我が物にしようとするとき、ゼウスは動物などに変身して手っ取り早く近づく戦略を好んで使った。たとえば、フェニキア王の娘エウロペに迫ったときは、白い牡牛に化けている。天界から地上をながめていたゼウスは草原で遊ぶ美しい娘を発見。さっそく、ゼウスは白い牡牛に化けてエウロペに接近した。エウロペは美しい牡牛に魅せられ、摘んだ花でつくった花輪をかけてやろうと近づくと、牡牛は屈んで背中を向けた。このとき、きっとこの好色な神は、さぞや鼻息を荒くしていたことだろう。エウロペが何気なく牡牛の背に乗ると、牡牛は勢いよく起き上がり、ものすごいスピードで海岸に向かって走り出した。エウロペは「やめて！」「帰して！」と叫びながらも、振り落とされないように片手でしがみつき、もう片方の手でドレスの裾を押さえることしかできない。狂牛と化したゼウスは、「これで女が手に入った」というよりも、自分好みのシチュエーションに大興奮し、狂気じみた表情で世界中を駆けめぐった。

ようやくゼウスが止まったのは、クレタ島。この島にはエウロペの花嫁衣裳が用意されており、神の姿に戻ったゼウスが「お前の名を永遠に残してやろう」と口説いたのだとか。こんな口説き文句に落ちる女もいないし、ここまで拉致しておいて愛を誓うも何もないだろうと思うだろうが、ゼウスとエウロペは無事に結ばれ、息子が何人も生まれている。さらにエウロペの名が「ヨーロッパ」として今も残されていることから考えると、エウロペもちょっとおかしな趣味の人だったのかもしれない。案外、「こんなに愛されているなんて……」と、自分に酔うタイプだった可能性もぬぐいきれない。

自慢の変身能力で、だます・さらう・忍びこむ

アクリシオス王の一人娘ダナエに夜這いを仕掛けたときは、動物ですらない〝黄金の雨〟に身を変えて侵入した。どうして〝黄金〟でなければならないのか。詳しくはわからないが、銀でも普通の雨でもなく、黄金であった部分に「俺は全宇宙で一番えらいんだぜ」というゼウスのプライドが隠れているのかもしれない。

なぜゼウスが黄金の雨に化けなければならなかったのかは少しややこしい。アクリシオス王は「お前は娘ダナエの生んだ息子、つまり孫に殺されるだろう」との神託を受けており、どうしてもダナエには子供を生ませたくないと考えていた。アクリシオス王は娘がよその男とそんな関係にならないように、青銅の壁でできた地下牢にダナエを閉じ込めた。「これで娘が子供を生むこともないだろう」と安心しきっていたアクリシオス王だったが、青銅の壁ごときでゼウスの目はごまかされない。閉じ込められているのが美女だと知ったゼウスは、黄金の雨に変身して地下牢に忍び込み、そのままダナエの体内に侵入した。そしてダナエはゼウスとの間にできた男の子を生む。このペルセウスと名付けられた子供はのちにゴルゴンを退治するなど英雄として活躍するが、アクリシオス王が恐れていたとおり、事故ではあるが祖父を殺害することになる。「ゼウスさえいなければ」、アクリシオス王はきっとそう思ったことだろう。

人妻、美少年……特殊な状況が大好物！

スパルタ王妃レダを寝取ったときは、白鳥に姿を変えて近づいている。ある夜、何者かの気配を感じて目覚めたレダは、枕元に純白の白鳥がいるのに気付いた。レダが白鳥を抱いて寝ようとすると、「私はゼウスだ」と白鳥が突然の告白。さらにゼウスはなぜか、神の姿に戻らずに白鳥のままでレダと交わったというから、さらにゼウスの異常性が高まる。この不思議な関係によって、レダは妊娠。ふたつの〝卵〟を生んだ。王妃を寝取られただけでなく、白鳥の姿で関係を持たれ、さらに卵まで生まされた。レダの夫であるスパルタ王の心中を考えると、かわいそうで涙が出てしまう。

ゼウスの鬼畜な所業はまだまだ続く。ペルセウスの孫娘アルクメネを見初《みそ》めたときには、アルクメネと結婚を約束した婚約者に化けてだまし、関係を持っている。婚約者だと信じて疑わないアルクメネと愛し合うため、神の力で一夜を3倍に延ばしたというから、卑怯な上にやっぱり絶倫なのだろう。このときも、ゼウスはアルクメネを妊娠させており、生まれたのがあの英雄ヘラクレス（➡P212）であった。恋人や夫がいる女性を無理矢理に自分のものにする。これもまたゼウスの困った性癖ではないだろうか。

ゼウスの恋愛の対象は異性だけではない。時には美少年までもがその毒牙にかけられた。トロイア王の息子ガニュメデスの美貌に夢中になったゼウスは、鷲に変身してガニュメデスを誘拐。天界の宮殿に連れて帰って稚児《ちご》にし、神々の宴会の給仕係として使ったのだという。稚児といえば、男色の関係にある男の子のこと。関係を持った美少年を近くにはべらし、自分だけでなく妻ヘラや兄弟、子供たち、親戚などを含めたほかの神々の酒盃に酒を注がせる。どこまでも好色家であったゼウスだが、最高神である彼を止められる者はいなかった……。

神々をトリコにする魔性の女神
アフロディーテ

Profile

愛と美と性を司る女神で、オリンポス十二神の一柱。生殖と豊穣、春の女神でもある。夫は最も醜い神として知られる鍛冶仕事の神ヘパイストス。恋に生きる女神は夫がいても構わず、神々や人間たちと奔放な恋愛を重ね、父親の違う子供をたくさん残している。

神話　ギリシャ
残酷度　★★★★

男根から生まれた⁉　エロスな出自

愛と美と性、つまり恋愛や性愛を司る女神がアフロディーテだ。この女神、とにかくすぐ恋に落ちるのだ。「あら美少年」「たくましい神だわ」と、いい男を見つけてはすぐさま接近。恋は女の花道と言わんばかりにあちらこちらで浮き名を流した。さらに数々の美神たちの中で最も美しいという評判もあるほどの美神だから、狙った男は基本的に落ちてしまうのも問題だった。夫がありながら、次々と浮気を重ねてどんどん子供を生み、異父兄弟を大量生産していった。女版ゼ

ウスと呼んでも差し支えないほど、性愛遍歴には事欠かないのだ。

アフロディーテがよく言えば恋多き女、悪く言えば尻軽な女になってしまったのは、この女神の生まれに由来しているのではないだろうか。アフロディーテの生誕については諸説あるが、有名なのは天空神ウラノスの男根がエーゲ海に投げ捨てられたときに、海に湧いた白い泡から生まれたという話だ。男根から女神が生まれたということや白い泡の正体など、少々違和感があるが、一応純粋に泡から生まれたとされる。生まれたときからアフロディーテは大人の姿をしており、貝に乗って陸地へとやってきた。この姿がボッティチェッリの描いた絵画「ヴィーナスの誕生」に描かれているシーンになる。男根から生まれた女神は、金色の髪と透き通るような白い肌、真っ赤な唇に素晴らしいプロポーションと、男なら絶対に一目惚れしてしまうような絶世の美女。すべての神々が、アフロディーテに求愛したという。

あえて醜い夫を選んでおきながら……やっぱり浮気！

アフロディーテの結婚についても諸説あるが、ゼウスの妻であるヘラ（↓P132）がアフロディーテを結婚させようとしたとの話がある。それもまたヘラの嫉妬心から始まったこと。アフロディーテがゼウスと関係を持っていたことを苦々しく思っていたヘラが「あの女に早く結婚するよう、言いなさいよ」と夫に吹き込み、ゼウスに「神々の中から誰か選んだらどうだ?」と言わせたのだ。元々ゼウスにそれほど執着していなかったのか、アフロディーテはあっさり婿《むこ》選びを承諾。オリンポスの神々から、自分にあった男を選ぶことにした。

集まった神々のほとんどは、美の女神に選ばれたいと自分をアピールした。だが多くの求婚者の中からアフロディーテが選んだのは、鍛冶仕事の神であるヘパイストス（➡P136）だった。ヘパイストスは神々の中でもとびきりのイケメンというわけではなかった。それどころかむしろ、神々の中でも一番醜い神だったのだ。たくさんの男神の中で、唯一アフロディーテに関心を持たない様子だったヘパイストスが気になって仕方がなかったのだろう。ヘパイストス自身は「どうせ醜い自分は相手にされないだろう」と最初からあきらめていただけかもしれない。しかし一番の美神たる自分に興味を示さない様子にアフロディーテのプライドはいたく傷つけられた。きっと最初は「何よ、アイツ」と思い、その後はこっちを振り向かせようとやっきになったのだろう。思いどおりにならない相手を落とすのは気持ちがいいもの。また困難の果てに手に入れたものは普通よりも「価値がある」と解釈する傾向があるという。アフロディーテも、必死で手に入れたヘパイストスが輝いて見えたのか、伴侶《はんりょ》として選ぶことにしたのだ。

しかし元々恋多き尻軽女のアフロディーテ。夫がいるからと、ほかの男と火遊びしないなんてわけがない。ヘラのように夫だけを愛する女神もいるが、基本的にギリシャの神々は自由恋愛。

夫がいようが、どうしようが関係ないのだ。アフロディーテは結婚後も、多くの神や人間と関係を結んでいる。美しい女神なのだから、普通に関係を迫っても成功率は高いはず。

しかしアフロディーテは成功率100パーセントを目指して、汚い手を使うことも多かったという。女神の奥の手とは、息子エロースの弓矢を使うこと。エロースとはキューピッドのことだ。つまり気になる男がいたら、「キューピッドの矢」を使って、自分に惚れさせたうえで誘惑していたのだ。母親の火遊びに加担させられる息子。「今度はあの男に弓矢を使ってちょうだい」などと言われて、どんな気持ちで弓を引いていたのだろうか。しかしエロースはイタズラ大好きなことで有名であり、さらに元々アフロディーテと浮気相手との間に生まれた子でもある。意外とノリノリで母親と一緒に悪さをして回っていたのかもしれない。

アドニスとの悲しい恋は因果応報!?

アフロディーテの恋の相手として知られるのは、美青年アドニスだ。この青年、悲しい出生事情の持ち主なのだが、その悲劇はアフロディーテが仕組んだものだった。

アドニスの母はキュプロスの美しき王女ミュラ。「アフロディーテより美しい」という人もいるほどの美貌の持ち主だった。顔はきれいでも頭は軽かったのか、ある日、ミュラはうっかり「アフロディーテよりも私のほうがきれいな髪」などと言ってしまい、恐ろしい地獄耳で悪口をしかと聞いたアフロディーテに、恐ろしい呪いをかけられてしまった。その呪いとは、「実の父親に恋慕する」というもの。ミュラは顔を隠して寝室に忍び込み、実の父親と関係を持つようになる。父親は「誰かわからなかった。のちに娘と知って驚いた」などと言ったそうだが、そんなはずはない。美貌の娘との危険な情事に溺れていたのではないか。ともかく、父親に正体を知られたミュラは南の果てまで逃げ、そこで「没薬《もつやく》の樹」という木に姿を変えた。その樹の幹がふくらんだかと思うと、コブから美しい男児が生まれたという。この子がアドニスだったのだ。

アフロディーテのせいで悲しい出生の秘密を背負ったアドニス。この青年にアフロディーテは激しい恋心を抱くことになる。そのきっかけはエロースがアフロディーテの胸に黄金の矢を誤って打ち込んだことだった。アドニスもまんざらではなかったのか、すぐにふたりは親しくなり、毎日のように森に出かけるようになった。森の中で何をしていたかは、多分言うまでもない。

しかしある日、ひとりで狩りに出かけたアドニスは、猪の牙で胸を突かれて深手を負った。アフロディーテが急いで駆けつけたときには、すでにアドニスは命を落としていた。神と異なり、人間とはなんとはかないものだろう。アフロディーテもそう実感したのではないだろうか。アドニスの流した血からは真紅の花が咲き、その花は「アドニスの花」、そして「アネモネ」と呼ばれるようになったという。

怪物を量産するオリンポスの種馬
ポセイドン

Profile

海を司る神で、オリンポス十二神の一柱。兄はハデス、弟はゼウス。ゼウスに次ぐ強大な力を持ち、キュクロプスから贈られた三叉の矛「トリアイナ」を使って海とあらゆる水域を支配する。妻はアムピトリテだが、他の女神との間にも多数の子どもを残している。

神話
ギリシャ
残酷度
★★

海の神ポセイドンの子は異形《いぎょう》ぞろい

海の神であり、あのゼウスの兄でもあるポセイドン。エーゲ海の奥底にある王宮に住み、4頭の馬が引く戦車に乗って地上との間を行き来した。手に持つのは強力な矛「トリアイナ」。ひと振りすれば地震や津波が起こり、山々は粉々に砕けたという。

そんなポセイドンは、ゼウスの兄だけあってやっぱり好色。正妻のアムピトリテがいながらさまざまな女神との間に多くの子供を残している。だがここまでなら、特別驚く話ではない。ポセイドンの不思議は、子供たちの多くが怪物や動物だということにある。

正妻のアムピトリテとの間に生まれたトリトンは、人間の上半身と魚の尾を持つ人魚のような姿だし、アルビオンは大巨人だったという。また別の女性トオーサとの間に生まれたポリュペモスは一つ目の巨人だった。ゼウスの子に高名な神や英雄が多いのとはまったく異なる。同じ兄弟なのにと不思議だ。ギリシャ神話の世界では海や洋上に浮かぶ島には魔物や怪物が棲んでいることが多い。当時はそれだけ海が脅威だったのだろう。そんな海を治める神だから、ポセイドンの子は怪物ぞろいなのかもしれない。

2頭の馬が子供として生まれてしまった理由とは?

ポセイドンの子には、馬が2頭混じっている。1頭は翼を持つ天馬ペガサス。もう1頭は人の言葉を話す神馬アリオンである。どうして馬が生まれるのか。それはポセイドンが海だけでなく、馬の神でもあったからだ。〝馬〟という存在をこの世に作り出し、馬を制御したり、乗って走ったりする方法を人間たちに教えたのは、ポセイドンだったそうだ。「どうして、海と馬が関係あるの?」と思うだろうが、それは誰もが抱く疑問。諸説あるが、海面に見える白い波が馬のタテガミのように見えたからではないかとされている。やっつけ半分の理由だが、いろんな女性に手を出して子供を生ませる馬の神であったことに変わりはない。ポセイドンこそオリンポスの種馬と呼んでもいいのではないだろうか。

馬の神でもあるポセイドンはときに馬に化け、馬の姿のまま女性と結ばれることもあった。さすがはゼウスの兄、変態的なプレイがお好きな点も似ている。しかもこのエピソードの相手は、大地の女神であるデメテル。デメテルはゼウスの姉で、当然、ポセイドンともきょうだいの関係にある。そしてこのデメテル、ゼウスともポセイドンとも関係を持ち、どちらの子供も生んでいるというからややこしい。嫌がりはするものの、いつも結局、関係を結ぶことになったらしい。ポセイドンに迫られたときも、デメテルは馬に変身して逃げたが、ポセイドンも馬に化けて追いかけ、2人とも馬の姿のまま結ばれた。そして生まれたのが神馬アリオン。馬の姿でそういう関係になると、子供も馬の姿になるらしい。

もう1頭の馬ペガサスの母はあのメデューサ。そう、髪が蛇で見ると石になってしまうという恐ろしい怪物メデューサだ。怪物とはいっても、元々メデューサはかわいい人間の女性だったのだから、子供が馬となった理由はわからない。メデューサと馬との間の関連性もまた謎である。ポセイドンが馬の神だからというだけでは、納得できそうもない。

COLUMN

原因はポセイドン？　悲しき乙女の運命

ゴルゴン三姉妹の三女メデューサ。見た者が石になるという瞳を持ち、髪の毛は蛇、肌は青銅のウロコでおおわれている。背中には大きな黄金の翼が生え、口には猪のような鋭い牙が生えている。すっかり醜い怪物になってしまったメデューサだが、以前は美しい人間の娘で、ポセイドンと愛人関係にあった。メデューサはどうしてこんな姿になったのだろうか。

メデューサを怪物にしたのは処女神アテナだという。メデューサが「私のほうがアテナよりも美しい髪をしている。こんな色気もない小娘より私のほうがよっぽどきれいよ」とアテナの面前で言い放ったため、激怒したアテナに恐ろしい姿に変えられてしまったのだ。

醜い姿になってしまったメデューサは心も醜くなった。さらに人々を苦しめるようになったため、ゼウスの息子のペルセウスによって退治された。このときペルセウスに力を貸したのがヘルメスとアテナである。怪物に変えただけでは飽きたらず、討伐の助成までするのだから、どれだけメデューサを憎んでいたのか。

メデューサがアテナの怒りを買った理由として、もうひとつ別の説がある。メデューサとポセイドンは、密会の現場としてアテナの神殿を選んだ。自分の神殿がラブホテル代わりに使われていたと知ったアテナが激怒したという説だ。潔癖な処女神の神殿をそんなことに使うとはなんとも悪趣味だ。確かにメデューサもよくない。しかしこの神殿を選んだのはメデューサなのか？　という疑問が湧く。ただの人間の娘が「アテナの神殿でエッチしましょう」と誘うだろうか。おそらくそんなことは言わないだろう。もしかしたら密会現場がアテナの神殿だということも知らなかったかもしれない。

そうなると真犯人は間違いなくポセイドンだ。近場で手っ取り早くすませたかったのか、それとも「あそこを使うと興奮するぜ」と思ったのかはわからないが、ポセイドンの素性を知れば知るほど、彼ならやりかねないと思えてくるのである。

男なしではいられない淫乱女神
エオス

Profile

ヒュペリオンとテイアの間に生まれた暁の女神。古代太陽神ヘリオスと月の女神セレネとはきょうだい。夫も古の神々ティターンの一柱アストライオス。西風・春風ゼピュロス、北風ボレアス、南風ノトスや、すべての星々の母といわれる。

神話
ギリシャ
残酷度
★★★

最悪な呪いをかけられた暁《あかつき》の女神

古代太陽神ヘリオスと月の女神セレネのきょうだいでありながら、いまひとつ知名度が高くないのが、暁の女神であるエオスだ。サフラン色の衣装を身にまとい、雪のようなまぶた、バラの指先などと形容される、うるわしい姿をしていた。しかし神々の序列において、エオスは下の下。最下層に属する、残念な女神だった。

どうしてエオスが軽視されたのか。それはエオスが好色な女神だったことに由来する。エオスは愛と美と性を司る女神アフロディーテ（→P82）の愛人を寝取ったことを恨まれ、アフロディーテに強力な呪いをかけられた。それが「1日たりとも男なしではいられない、色狂いになってしまえ」というものだった。夫のアストライオスが身近にいたら、この呪いもそれほど問題ではなかったのかもしれない。しかし夫は戦争に巻き込まれ、幽閉されていたため、いくら求めても会うこともできなかったのだ。エオスは仕方なく、町に繰り出してはいい男を探し、手当たり次第に関係を持つという、好色どころか淫乱な女神になってしまったのだ。ここまでならまだよかった。男神・女神関係なく、好色の神は数多く存在する。そもそも最高神のゼウス（→P76）からして、美しい娘に次々と手を出しているのだから、エオスが特別視される筋合もないはずだ。

好みの美青年を拉致するも、ささいなミスが悲劇へ

恋多き神々の中にあって、エオスが差別されたのは、恋の相手が神ではなく人間ばかりだったからだという。どうも神々には「自分たちは不死、人間はそうじゃない。そんな神が人間に本気になるなんて恥ずかしい」という考えがあったようだ。ちょっとした浮気や一時的な関係を結ぶなら神と人間でも許されたようだが、夢中になってしまうのは、神として失格と見なされた。そのため、エオスは神々から軽く扱われてしまったのだった。

エオスは自分がバカにされていることなど気にもとめず、人間の男を漁り続けた。暁の女神のエオスは毎朝天空を飛ぶのが仕事。そのときに地上に目を光らせ、好みのタイプの男性を探しては、さらって帰った。青年たちも美しいエオスに恋してラブラブ。楽しい時間が過ごせるはずなのだが、そんな幸せは長くは続かない。神であるエオスは不老不死、対する人間はすぐに年老いて死んでしまう。人間にとっては長い一生も、神々にとっては一瞬にしかすぎない。せっかくの恋人があっという間に老人になって死ぬ。エオスはそれが残念でならなかった。

トロイアの王子ティトノスに恋したエオス。「今度の恋が最後の恋、私は彼と添い遂げるの」と思い、自分の正式な夫にして永遠に幸せな時間を過ごそうと考えた。エオスはゼウスに「彼を不死にしてください」と頼み、ゼウスもこころよく願いを聞き入れた……。だが、エオスは大切なことを忘れていた。「不老不死にしてほしい」と願うのではなく、「不死にしてほしい」と言ってしまったのだ。ゼウスはこのミスに気付いていたが、女神と人間の恋は喜ばしいことではないため、あえて教えなかったのだという。ふたりの幸せは長く続かず、ティトノスはどんどん老いていく。しかし不死なので永遠に死ねない、悲しい身体になってしまったのだ。エオスはしばらくの間は面倒を見ていたが、老衰が進んで寝たきりになったティトノスに嫌気が差し、宮殿の奥深くに幽閉してしまった。しかし声だけは聞こえていたため、嫌になって蝉《せみ》へと変えてしまった。こうした思慮の浅さもエオスがバカにされる理由だったのかもしれない。

COLUMN

不老不死を得ても避けられなかった悲劇

エオスの姉妹である月の女神セレネもまた、人間に恋してしまった女神のひとりだった。相手はエンデュミオンという美少年。ゼウスの孫とも息子ともいわれる人物なのだが、なぜか神ではなく人間。不思議な話だが、そういうこともあるらしい。神の血を引くエンデュミオンは当然のように素晴らしい美少年であり、セレネはひと目で恋に落ちてしまったのだという。

夜、天空を飛んでいたセレネはある山の頂上で眠っていたエンデュミオンを見て、ひと目で好きになってしまった。すぐに付き合い始めた2人だが、セレネは次第に不満がつのっていった。それはエンデュミオンが不老不死ではないこと。人間であるエンデュミオンが少しずつ老いていくことに我慢できなかったのだ。

「なんとかしなければ」と思ったセレネは、エオスと同じくゼウスを訪ねてこう言った。「ゼウス様、愛するエンデュミオンを不老不死にしてください」。エオスと違って思慮深いセレネは、きちんと"不老"の言葉を伝えるのを忘れなかった。ゼウスは願いを聞き入れ、「セレネの望むようにしよう」と約束してくれたのだ。

こうしてセレネと不老不死になったエンデュミオンは、いつまでも幸せに暮らしました。めでたし、めでたし……とはいかなかった。セレネのミスなのか、ゼウスの意地悪なのか、それとも人間を不老不死にするのは最高神でも難しいのかはわからないが、ゼウスはエンデュミオンを永遠の眠りにつかせてしまったのだ。「永遠の眠り」と聞くとまるで死んでいるようだが、エンデュミオンは生きている。ただ、ずっと眠っているだけだ。

話をすることも、愛を交わすこともできないこの状況。セレネはさぞ不満だろうと思うのだが、意外にもセレネは満足だったらしい。地上で眠り続ける恋人に会うため、セレネは毎夜地上へと降り立ち、エンデュミオンに寄り添って眠っているという。セレネにしてみれば恋人の美しい寝顔を独り占めできれば十分だったのかもしれない。

女を犯し舌を切り取る鬼畜な王様
テレウス

Profile

戦を司る神アレスの息子でトラキアの王。アテナイ王パンディオンに味方し、戦で勝利をもたらした。その縁でパンディオンの娘を妻に迎え、息子イテュスが生まれた。テレウスの物語はシェークスピアの戯曲『タイタス・アンドロニカス』のモデルにもなっている。

神話
ギリシャ
残酷度
★★★

野獣の夫と狂気の妻、意外と似たもの夫婦!?

トラキア王のテレウスは、妻プロクネとその妹のピロメラをめぐって起きた残酷な事件の当事者として知られる。事件の経緯には諸説あるが、プロクネが「妹のピロメラに会いたいわ」と、夫に頼んだことに端を発する。テレウスは妻の希望を聞いてアテナイにいるピロメラを連れてきた。そのこと自体はよかったのだが、テレウスは旅の途中でピロメラに欲情し、トラキアに着いた途端、森の中の小屋に連れ込んで強姦してしまったのだ。妻の妹を無理矢理犯し、しかも姉妹の父はアテナイの王である。どう転んでも愉快な結果にはなりそうにない。要は欲望に支配されてコトに及んでしまった野獣ということなのだろう。

気の強いピロメラは、強姦されて泣き寝入りするタイプの女性ではなかった。「あなたにされたことを人前で言います」と高らかに宣言したのだ。困ったテレウスはこのまま小屋に閉じ込めようと考えた。しかしピロメラは「閉じ込めても、神々が私の言葉を聞いてくださるはずです」と告げた。よほど腹が立ったのだろうが、この強気が裏目に出た。特に野獣と化したテレウスを前にして、煽るような行為はあまりにも危険すぎた。「あなたが好きになってしまった」などとだましておいて、姉に話せばよかったのかもしれない。しかし、姫のプライドはそれを許さなかったのであろう。

ピロメラに「悪事をバラす」と詰め寄られたテレウスだが、もちろんそれは困る。そこでテレウスはピロメラがしゃべれないように舌を切ってしまったのだ。しかし話せないからとあきらめるピロメラではない。ピロメラは夕ペストリー、一説によれば着ていたローブに事の次第を織り込み、姉のプロクネに送った。怒ったプロクネは自分とテレウスの間にできた息子イテュスを殺し、釜で煮てテレウスの食卓に上げたのだ。テレウスは気づかずに息子を食べてしまった。

事実を知ったテレウスは姉妹を殺そうと追いかけた。姉妹が捕まろうとした瞬間、テレウスは怒った神々によって鳥に変えられたという。妹を強姦した憎い男といえども夫で子供の父親。子供を殺して食べさせるとは、夫婦そろってなんとも猟奇的である。

アポロン

女にモテず、男色に走った「理想の青年」

Profile

オリンポス十二神の一柱。ゼウスとレトの息子で妹アルテミスとは双子。牧畜や音楽、弓矢、拳闘などの神とされる。アポロンの金の矢は、人間が射貫かれれば気付かぬうちに死んでいるとされ、疫病が広がる矢を地上に向けて放つなどの悪行を働いたとされる。

失恋街道まっしぐらの〝非モテ〟な神様

ゼウスの息子でオリンポス十二神に名を連ねるアポロン。文武両道を超越し、まさに全能の存在であるアポロンは、ギリシャの古典期に圧倒的な人気を誇り、「理想の青年像」とされていた。しかし、神話で語られるアポロンはそうではなかった。他者を小馬鹿にして、復讐されるという事件をたびたび起こし、さらにはさまざまな因果で女性にまったくモテなかった。

ある日、アポロンは偶然、アフロディーテ（↓P82）の息子であるエロースと出会った。大蛇を弓で射殺したばかりのアポロンはご機嫌で「お前の弓は小さいな！　チビのキューピッドにはそれがお似合いだ」などとエロースを馬鹿にした。当然、エロースは怒り心頭。愛情を生む金の矢をアポロンに放ち、愛情を拒ませる鉛の矢でダフネという女神を射た。

キューピッドの矢の効果でアポロンはダフネにメロメロ。しかし、ダフネはアポロンを拒絶して逃げ出した。矢の効果なのか、本性なのか、アポロンはダフネを犯そうと追いかけた。ダフネは必死で逃げたが、ついに追いつかれる。ダフネは心の中で父に助けを求めた。アポロンが捕まえようとした瞬間、彼女は父の力によって月桂樹《げっけいじゅ》に姿を変えた。それでもなお、「それでも私は君を愛する」などと叫ぶ哀れなアポロンに、彼女は葉を落とした。これが月桂冠の始まりとされる。

軽率な行動が他者の怒りを呼び、女性関係の復讐をされる。これがアポロンの定番だった。そうしたことに嫌気が差したのか、アポロンはついに人間の美少年ヒュアキントスに恋をする。

西風の神ゼピュロスとの男色三角関係を制し、本気の恋を成就《じょうじゅ》させたアポロン。当時の社会は同性愛に寛容であり、アポロンはヒュアキントスと男色関係となった。しかし、男に鞍《くら》替えしても復讐は断ち切れなかった。ヒュアキントス争奪戦に敗れたゼピュロスが強風を吹かせ、アポロンの投げた円盤をヒュアキントスの頭に当てて殺してしまったのだ。ヒュアキントスの死体はアポロンの愛情により、一輪の花となり、のちにヒヤシンスと呼ばれた。しかし、女に嫌われ、男に死なれ、アポロンの恋は常に残酷に散っていくのだった。

上司の妻と駆け落ちした好色漢
ディルムッド・オディナ

Profile

ダーナ親族の若さの神である妖精王オイングスに育てられた騎士。フェニアンサイクルのフィアナ騎士団の一員であった。魔法の槍や魔法の剣を自在に操り、高い跳躍力で活躍。首領フィンのもとで忠誠を誓い、仲間からも高い信頼を得る英雄であった。

神話
ケルト
残酷度
★★

女性を必ず落とす、不思議な紋章

首領フィン・マックールとフィアナ騎士団の英雄譚であるフェニアンサイクル。その物語の中で1、2を争う美男子がディルムッド・オディナである。彼は才気煥発《さいきかんぱつ》で強かった。首領フィンに忠誠を誓い、仲間からの信頼も厚い。フェニアンサイクルでフィンに次ぐ第2の英雄になれる才覚があった。しかし、ディルムッドには過酷な運命が待ち受けていた。

彼の頬には黒子《ほくろ》があった。この黒子はただの黒子ではなかった。その黒子はかつて、オディナ

に恋をした妖精につけられたもので、それを見た女性は誰もがディルムッドに恋をしてしまう魔法の刻印であったのだ。

成長したディルムッドは騎士団に入る。そこで隊長のフィンと出逢い、仕えることになる。フィンは老齢であったが若く美しい后を迎えた。この后グラーニャがディルムッドに恋をしてしまう。

グラーニャは美しい顔を持ちながら、魅力的なのは顔だけだった。頭の中身はいささか思慮の足りない、夢見がちな女性だった。年寄りのフィンに嫁ぐのが嫌だった彼女は、若く美しいディルムッドに恋をしてしまう。そしてあろうことか彼に駆け落ちを強要。さらにグラーニャは嫌がるディルムッドにゲッシュをかけた。ゲッシュとは禁忌《きんき》であり、呪術であった。ケルト神話では非常に重要な意味を持ち、破れば命を落とすことさえ珍しくない。それほど効力を持つものだった。

ディルムッドは泣く泣く仲間や主君に別れを告げて、グラーニャを連れて駆け落ちする。面目をつぶされて怒ったフィンは名うての戦士を集めてディルムッドを捜した。

愛人のわがままに振りまわされ、恩人に見捨てられる

ディルムッドとグラーニャは命を狙われ、逃亡の旅が続いた。望まぬ放浪の旅、ディルムッドはいい迷惑であったことだろう。養い親であるオイングスの手を借りて、2人は安住の地を見つけた。魔法のナナカマドの木が生えるドロスの森だった。赤い実を食べたら寿命が延びる。ナナカマドの木に触れない約束で、番人の巨人から安住の許可を得たのだ。ところがそれも長く続かない。

グラーニャは番人の巨人を倒してナナカマドの実を奪おうと余計なことを考える。戦わなければいいのだが、尻にしかれたディルムッドはやむなく戦って倒してしまう。

こうして、ディルムッドがグラーニャのわがままをことごとく聞いていくうち、グラーニャがまた余計なことを考えた。宿敵であるフィンを宴席に呼ぼうというのだ。ふたりの仲を見せびらかそうとしたのか、どちらにしてもいい結果にはなりそうもない。

フィンは復讐のために「猪狩り」を考えた。ディルムッドと猪の間には深い因縁があったからだ。ディルムッドの父は息子と妻を愛と若さの神オイングスに預けた。ところがこの際、妻はオイ

ングスの家来ロクと不倫関係を結んで生み、怒った父はその子を膝で押しつぶし殺してしまう。そこでロクは子供の死体にドルイドの魔法をかけた。すると死体から1匹の猪が出てきた。ロクはこの魔猪にディルムッドを殺すように教え込んだ。それを知ったオイングスはディルムッドが猪に近寄らないようにさせていたのである。それもオイングスはディルムッドにゲッシュをかけていた。猪に近づかない、猪狩りをしないというゲッシュであった。

フィンは宴に出向き「昔のことは水に流そう」などと言いながら、言葉巧みにディルムッドを猪狩りに連れ出した。ゲッシュを破り、さらに呪いの猪と対峙したディルムッド。当然、瀕死の重傷を負ってしまう。

しかし、まだ助かる見込みはあった。フィンはその手にすくった水で命を救うことができたのである。ディルムッドは必死で助けを求めた。自分が今まで、いかにフィンのために戦ってきたか、貢献してきたかを叫んだ。フィンは「なるほど、わかった。助けてやろう」などとうそぶき、水をすくうが、何度も寸前のところでこぼしてしまう。よほど駆け落ちの恨みは大きかったのだろう。ディルムッドは忠誠を誓ったフィンに見捨てられ、死んでしまうのだった。

ディルムッドの死後、グラーニャはフィンへの復讐を考えるが、なんと最終的にフィンと再婚してしまう。女性に振りまわされた末路というべきか。気の毒な生涯である。

王妃と不倫した無敵の騎士
ランスロット

Profile

アーサー王に仕えた円卓の騎士のひとり。父はフランスのベンウィックのバン王だが、両親は彼が幼いころに他界、以来湖の乙女ニミュエに育てられる。武者修行の旅の途中、ブリタニアでアーサー王に出会い臣従。トランプのジャックのモデルにもなっている。

神話
ケルト
残酷度
★★

英雄色を好みすぎて……

円卓の騎士のひとりであるランスロット。フランスの一地方を治めていたバン王の息子で、「湖の乙女」という妖精めいた謎の美女に育てられたため「湖の騎士」とも呼ばれた。アーサー王（↓P186）に仕える円卓の騎士の中で一番の実力者であり、最高位に位置していた。馬上では槍、剣術、乗馬を完璧にこなし、騎士としての行動やふるまいもまた素晴らしいものだった。

しかし、ランスロットはとんでもない色男でもあった。それも人が死んでも顧みないレベルの入れ込みようだった。相手はアーサー王妃グィネビアである。

とにかく、ランスロットは求愛された。ときには男にすら言い寄られるほどだった。つれなさに泣いた女は数知れず、焦がれすぎて死んでしまった乙女までいる。とある国の王女は、魔術の力を借りて王妃に化け、ランスロットと一夜を共にしてしまったほどだ。その時にもうけた息子がのちに円卓の騎士として加わるガラハッドである。しかし、彼は汚れなき騎士として天に召されてしまう。

彼が思いを捧げるのは、アーサーの奥方グィネビアだけだった。グィネビアはランスロットの美貌に一目惚れしてしまう。ランスロットもそれに応え、ふたりの不倫関係が成り立ってしまう。その後はアーサー王のため、正確に言えば王妃様のために戦うことになる。

王妃との不倫が一国を滅ぼす内戦へ

若さと勢いに任せたランスロットの不倫は、あっという間に円卓の騎士の間で知れ渡るが、なぜか亭主のアーサー王だけは知らなかった。しかしそれも時間の問題、ふたりの不倫はついに露見してしまう。

アーサー王は激怒した。浮気相手は部下であるランスロットだというのだから怒りも倍増である。いつものように王妃とランスロットが密会していると、円卓の騎士が乗り込んできた。間男の現場を押さえられたランスロットは逃げ出すが、間男でも騎士は騎士。その際に騎士団の一員であるアグラヴェインを殺し、モードレッドに重傷を負わせてしまう。

そして王妃は不義の罪で火刑に処されるが、その寸前にランスロットが乗り込んできて王妃を華麗に救出。このときも彼はアグラヴェインの兄弟であるガヘリスとガレスを殺してしまう。彼らの長兄はランスロットの親友で同じ円卓の騎士ガウェインだった。

3人の兄弟を殺されたガウェインはランスロットへの復讐を誓い、アーサー王にランスロットを討つことを要求する。ふたりの恋が原因となって円卓の騎士は、ランスロット一族とアーサー王の真っ二つに分かれて争うことになる。

2度までも煮え湯を飲まされたアーサー王はランスロットを討伐するために、追っ手を差し向ける。しかしランスロットはとにかく人気があった。男も惚れる男だったのだ。円卓の騎士の中にはランスロットに同情的な者もおり、アーサー王に背く者まで出てきた。これが円卓の騎士が崩壊する原因となってしまうのだ。しかも、アーサー王への忠誠心を持つランスロットは、主君と戦うことに抵抗を示し、戦場に現れては窮地を救ったりするなど男前ぶりを見せる。

アーサー王は、ガウェインとともにランスロットの居城を包囲。和議を申し入れるがガウェインが拒絶。双方の進退をめぐって親友であったふたりは戦い、ランスロットはガウェインに重傷を負わせてしまう。しかし、その間に留守を任されていたモードレッドが謀反を起こしたという知らせが入る。アーサー王と異母姉モルゴースとの間に生まれた不義の子モードレッドは、ランスロットから帰されたグィネビアの世話も任されていたが、なんとグィネビアに恋し、監禁してしまったのだ。国に帰ったアーサー王は実の息子と戦いを始めるが、この時、ランスロットとの戦いで傷が癒えていなかったガウェインはモードレッドに殺されてしまう。

アーサー王もまた、ガウェインの霊が枕元に立って「敵に和睦《わぼく》を申し入れてランスロットの援軍をお待ちください」と忠告をしたにもかかわらず、モードレッドと一騎打ちになる。結局モードレッドは倒れるが、アーサー王も重傷を負いアヴァロン島へ姿を消してしまう。

戦いが終わったあと、アーサー王に従い輝かしい戦功を立てた円卓の騎士たちは多くが死に絶えていた。親友、同志、主君、すべてを失ったランスロットに残されたものは何もなく、愛するグィネビアも絶望のために修道女となってしまっていた。やっと探し当てたグィネビアは、アーサー王の死に罪悪感を覚えており、訪ねてきたランスロットをすげなく追い返す。しかし忘れることなどできはしないランスロットは悲嘆に暮れて隠棲する。王妃の死を知ると、ランスロットは断食して死んでしまった。

不倫関係がなければアーサー王の死も円卓の騎士の崩壊もなかった。混乱につけこまれて反乱を起こされることもなかったのである。ランスロットの好色は一国を滅ぼしたと言えなくもないだろう。

優雅で美しく一途すぎるシヴァの妻
パールヴァティ

Profile

破壊神シヴァの妻であり、シヴァの優雅で美しいさまを神格化した神とも説明される。名前は「山の娘」を意味し、ヒマラヤ山脈の神を父に持つ。シヴァの最初の妻サティの生まれ変わり。肌は美しい金色で、シヴァやその子供たちに愛情を注ぐよき母として描かれた。

神話
インド
残酷度
★

何度生まれ変わってもシヴァを愛し続ける

シヴァ（→P32）とその妻パールヴァティは珍しいくらいに一途なカップルだ。複数の妻や愛人の存在がごく当たり前の神話物語において、非常に稀有《けう》なことである。まずパールヴァティはシヴァの最初の妻サティの生まれ変わりとして登場する。そののちも、何度も生まれ変わってはシヴァと結ばれていく。その絆の強さと深さは他の追随を許さない。

とはいえ、パールヴァティがシヴァと結ばれる際には、それなりに苦難を経験している。最初

の妻サティを亡くしたとき、シヴァは深い悲しみに暮れていた。その頃ちょうど神々はターラカという悪魔に悩まされており、神々の相談役ブラフマーによれば、これを倒せるのはシヴァの息子だけであるということだった。だが、シヴァは深い瞑想《めいそう》の中。そこで神々はサティの生まれ変わりのパールヴァティをシヴァのもとへつかわすことにした。

パールヴァティはさまざまな方法でシヴァの気を引こうとする。ある時、シヴァの両目を後ろから目隠ししてみたところ、たちまち世界が闇に包まれてしまった。驚いているとシヴァの第三の目が開眼し、そこからまばゆい光が輝きだして世界を照らしたという。

肌の色が変わるほどの苦行でシヴァへの愛を証明

パールヴァティは、その思いの強さを証明するために苦行を開始する。ヒマラヤ山脈の山のひとつにこもり、真夏には火の中に座して太陽を凝視し、冬には水中に立って夜を過ごし、若く美しい肌が傷つくのも恐れず苦行に没頭した。伝説ではその過程で黒い肌が金色になったともいわれる。

そんなある日、ひとりの苦行者が彼女を訪ねてくる。いったい何をしに来たかと思えば、彼はパールヴァティに近づいてシヴァの悪口を言い始めた。パールヴァティは怒ってシヴァへの自分の忠誠や愛情をこんこんと語ったという。実はこの苦行者、シヴァが変装した姿だったのだ。シヴァは彼女の愛が本物であることを認め、結婚を承諾したのだった。

その後のふたりのおのろけエピソードを紹介しよう。婚礼のために花嫁衣装に着替えていた時のこと。友人のひとりがパールヴァティの足に紅を塗りながら、「この足でご主人を蹴るプレイもいいわね」とからかうと、パールヴァティは持っていたブーケで友人の頬を引っぱたいた。まさに「友情より男」の見本である。

また、婚礼のあとの夜のこと。パールヴァティは恥ずかしがって、着物を脱がそうとするシヴァの手をさえぎるが、シヴァの神通力のためか着物はみずから脱げてしまう。そこで、シヴァの目をふさいでみた。すると今度は第3の目が見つめてくるので、パールヴァティは観念した。

シヴァに関するものならばパールヴァティはなんでも愛した。シヴァには6人の子がおり、彼女は自分の子ではないにもかかわらず、その子らを大変かわいがった。あまりにかわいがりすぎて、とんでもない悲劇が起こる。

あるとき、パールヴァティが6人の子供らを強く強く抱きしめた。その力が強すぎて、子供たちはなんと合体してしまった。こうして誕生したのが頭が6つで体はひとつの怪物カルケティーヤ。彼はのちに、クジャクに乗り戦場をかけるヒンドゥー教の軍神スカンダとなったという。

創造神にして実の娘のストーカー

ブラフマー

神話
インド
残酷度
★★

Profile

インド神話三大神のうちの一柱で、創造神とされる。宇宙の原理を表現した思想「ブラフマン」の神格化で、苦行をまっとうした者に祝福をさずける。仏教に転じては梵天となり、釈迦に仏教を広めることを指示したのもこの神。そのため仏法の守護神ともなった。

かわいい娘を見るためなら顔だって増やせる！

ブラフマーはインド神話の宇宙創造を担った重要神だ。しかし気の毒なことに、元々が「ブラフマン」という思想をよりどころとしているため、概念が抽象的すぎてメジャーな人気を得られなかった。インドでは彼をまつる寺院も多くないそうだ。

４つの顔と４本の腕を持ち、手にはそれぞれ数珠、聖典ヴェーダ、小壷《こつぼ》、笏《しゃく》を持つ。その知識や知恵で神々の悩みごと、困りごとの相談役的なポジションをこなすことも少なくない。

賢いイメージだが、妻サラスヴァティの話になると様相が変わる。サラスヴァティという女神、実はブラフマーの娘。仏教では弁財天と呼ばれ、学問、音楽など64の技芸をこなすうえに、絶世の美女。あまりの美しさに、ブラフマーは「目に入れても痛くないわい」と度がすぎた愛情を注ぎ、やがて妻にしたいと思うように……。

　もちろんサラスヴァティは驚き、拒絶した。相手は父で、自分の創造主だ。畏《おそ》れ多いとおののいて、遠くへ逃れようとした。するとブラフマーはその行方を追うため四方に顔を作り出した。ならば空を飛んで逃げようとすると、今度は頭の上に5つ目の顔を生やしたという。ストーカーまがいの父親の執念にサラスヴァティはついに観念して、ブラフマーの妻になったという。

罪を犯して転落した無敵の雷神
インドラ

Profile

古代インドの聖典『リグ・ヴェーダ』に古代の神々の王として描かれた重要な神の一柱。仏教に伝わり帝釈天のモデルとなった。雨と雷を操る雷神で、好戦的な性格。手には無敵のヴァジュラ（金剛杵）を持ち、悪魔退治に活躍した。神々の酒ソーマをこよなく愛する。

神話
インド
残酷度
★★

英雄色を好みすぎて地位も台無しに

雨と雷を司る雷神インドラは、紀元前の古代インドの時代から信仰されていた古い歴史を誇る。紀元前18世紀頃の伝承に始まるとされる『リグ・ヴェーダ』のほか、なんと紀元前14世紀頃のヒッタイトにも名前を確認することができるという。

その性質はまさにヒーローとも呼ぶべきもの。好戦的で勇敢な神話は数多く残されている。有名なのはその手に持つ無敵のヴァジュラの誕生秘話。竜の姿のアスラ族ヴヴリトラがかつてインドを支配したとき、ブラフマーの知恵によって聖仙ダディーチャの骨から武器をつくることになった。この聖仙の骨を集めてつくらせたのがヴァジュラだ。インドラがヴァジュラを振るうとたちまち雷が閃《ひらめ》いて、またたく間にヴヴリトラを撃退したという。

干ばつに対する雨の恵みを表すともされるインドラは、長きにわたって非常に重要な神として崇め奉られてきた。ところが、時が下るにつれてその地位も下降。というのも、インドラは勇敢な戦いぶりの一方で、バラモン教の師の殺害など重大な罪をいくつも犯しているのだ。

その罪のひとつが、聖仙ゴータマの妻アハリヤーの寝取り事件である。

ゴータマ不在のある日、インドラはアハリヤーの妻に欲情してしまった。「何とかして彼女と寝たい」と思ったインドラは、ゴータマに成りすましてアハリヤーを誘う。「あら、この人インドラだわ」とすぐに気付いたが、アハリヤーもなかなか貞操観念が弱い。「一度でいいから神々の王と寝てみたい」と思い、インドラの誘いに乗って夜を共にしてしまうのだ。だが、帰ってきたゴータマがすぐにそのことを知る。怒りに怒ったゴータマ、なんとインドラの睾丸を取り、おまけに、「そんなに好きならくれてやろう！」と体中に1000個の女性器をくっつけてしまった。

そんな姿になってしまっては英雄も形なしである。こうして嘲笑とともにインドラの人気はひっそりと落ちていった。のちに、1000の女性器は美女ティロッタマーの姿を一目見たいと願ったことで1000の目に変化するのだが、結局は女好きは直らなかったということだろう。

他人に厳しく自分に甘い嵐の神
エンリル

Profile

古代メソポタミアで信仰されていた風と嵐の神。荒々しい性格で、その意思によってさまざまな天災が起きると考えられ、恐れられた。起源は古く、シュメール時代にも存在を確認できる。古代メソポタミアでもっとも重要な宗教都市ニップル市の都市神でもある。

神話
メソポタミア
残酷度
★★★

人間を滅ぼそうとした理由は「うざいから」

世界の古代神話には大洪水のモチーフがしばしば登場するが、メソポタミアの洪水神話でその引き金となったのがエンリルである。雨と嵐を司るエンリルは、干ばつや暴風雨、河川の氾濫《はんらん》などにも影響力を持つとされていた。古代の人々は、エンリルが怒らないように、災害が起きませんようにと祈りを捧げていた。

静寂を好むエンリルは、「人類増えすぎ。うるさくてかなわん」という理由で幾度も人類を滅ぼそうとしたのだ。非常に短気な神様である。

あるときは干ばつを起こして滅ぼそうとしたが、人類の創造神であるエアが灌漑《かんがい》農業を伝授したので人類は助かった。またあるときは疫病《えきびょう》をはやらせたが、今度はエアが医療を教えて、再び人類は救われる。「今度は邪魔するでない！」とエアに怒り、エンリルは大洪水を起こした。だがエアはこっそりと方舟をつくらせ、人類を逃れさせる。このように、エンリルは人間に対してとことん厳しい顔を見せる神様なのだ。

そんなエンリルにはもうひとつの顔があった。あるとき、エンリルは地上のニンリル女神に一目惚れして、嫌がる彼女を無理矢理犯してしまった。人間にはこんなに厳しくしておいて、自分はこんな無法のふるまいをするとは、なんともお粗末である。人に厳しく自分には甘いと言われても仕方ないだろう。

神々は怒り、エンリルに厳しい罰を与えることを決定。エンリルは冥界送りになる。ところがニンリルは月神ナンナを身ごもってしまったため、エンリルを追って冥界へ向かった。親子3人が冥界から出るには身代わりの神が必要だと知り、エンリルとニンリルは再び交わって3人の神をつくり出す。この3人の子供たちを冥界に置き去りにして、再び地上へ帰還するのだった。のちにエンリルはニンリルを正式な妻として迎え入れたが、置き去りにされた3人の子供のことを思うと胸が痛んでしまう。

エア

娘や孫と交わった知恵の神

Profile

メソポタミアの世界創造神話において最初に生まれた神、天神アヌの子で、知識や知恵を司る。エアと妻ダムキナの子はバビロンの守護神マルドゥクとなる。ビール好きで繁殖・豊穣をもたらす神でもあり、近親相姦にまつわるエピソードも数多く残る。

娘ばかりか孫・ひ孫もヤリ捨て！

知識の神エアは、エンリル（→P116）ら神々に人類をつくることを進言した神であり、人間にとっては幾度も滅亡の危機から救ってくれた偉大な神だ。

エンリルの項でも紹介したが、灌漑農業や麦の栽培、医療など、古代の人類に生活に欠かせない知識を伝授したとされる。また、神々の世界においても、エアを含む子どもたちを滅ぼそうとした父アプスーを返り討ちにするなどの活躍を見せた。

だが、彼にまつわる神話はそれだけではない。エアの家族関係をひも解くと、驚くべきことに、近親相姦を繰り返しているのだ。

エアは大地の女神ニンフルサグとの間に女神ニンサルをもうけた。ニンフルサグがいない間、エアはニンサルと交わり、女神ニンクルラという娘ができる。さらに、エアはそのニンクルラとも関係を持って、女神ウットゥを生ませる。その女神ウットゥとも……。といった具合に、孫、ひ孫とどんどん関係を持った。

しかもエアは、関係したあとの娘たちには見向きもしなかった。ウットゥは困惑し、ニンフルサグにエアのことを相談した。するとニンフルサグは「見境なさすぎ！」とエアへの怒りが爆発。対エア作戦を決行する。

ニンフルサグはウットゥの子宮からエアの精液を取り出し、それを土に埋めた。するとそこから8種類の植物が芽を出した。エアはそうと知らずにその実を食べてしまったのだ。すると、あご、歯、口、のど、四肢、肋骨に腫れ物ができ、エアは「なんだこれは！」と愕然《がくぜん》。途方にくれてしまったという。

それを見たニンフルサグ、「せいせいしたわ！」と計画の成功を大喜び。エアの身体から精液を取り出し、ウットゥの身体に戻した。ウットゥからは8つの神が生まれ、エアの身体の各部にあった腫れ物は癒やされた。しかし精液を取り出した目的が「腫れ物をつくるため」とは……。

愛人が不審死する怪しい女神

イシュタル

Profile

古代メソポタミアにおいて性愛、戦の女神として広く崇拝された。シュメール語ではイナンナとも呼ばれる。出産や豊穣を司る反面、子孫の断絶にも影響があるとされ恐れられた。メソポタミア神話では、奔放に数多くの相手と関係するさまが描かれる。

神話
メソポタミア
残酷度
★★★

愛人の数は120人以上！　でも夫は身代わりに冥界送り！

出産による子孫繁栄や、性愛の喜びを根源的に具現化したのが女神イシュタルといわれ、古代、彼女の神殿には神聖娼婦も存在した。娼婦の守護者であり、性同一性障害や勃起不全といった性に関する諸問題にも加護を発揮したという。イシュタル自身はというと、ひとりの配偶神を持たず、たくさんの愛人（神）を抱えていた。その数は120人以上ともいわれている。神話では、夫であったともいわれる男神ドゥムジ（タンムズ）の「冥界下り」伝説が有名だ。

「冥界下り」は、イシュタルがなぜか「冥界へ行こう」と決意するところから始まる。冥界には7つの門があり、そこを通るたびに衣服を脱がなければならない。イシュタルが冥界の女王と接見するときには全裸になっていて、それを怒った女王はイシュタルを殺してしまう。

困ったのは地上の人々だ。イシュタルがいなくなると、男女の性愛活動もストップ。神々はイシュタルを復活させるように言い、冥界の女王は身代わりを要求する。そこで、ドゥムジが殺されて、冥界送りとなった。イシュタルは復活し、地上も元どおりとなったが、彼がよみがえることはなかった。イシュタルは『ギルガメッシュ叙事詩』にも登場するが、ギルガメッシュは「愛人たちがみな不審死する」として、イシュタルをあっさりソデにした。

快楽を貪った「大悪天皇」

オオハツセワカタケル

神話
日本
残酷度 ★★

Profile

第21代雄略天皇。允恭《いんぎょう》天皇の第5皇子で安康天皇の実弟。安康天皇が7歳の眉輪王《まよわのおおきみ》に暗殺されたために即位。集権制度を整えた一方で気性は荒かったとされ、『日本書紀』では「大悪天皇」とも記される。一説には武烈天皇と同一人物ではないかといわれている。

殺しと愛欲にまみれた残虐な天皇

第21代雄略天皇となるオオハツセワカタケル。政敵の鎮圧、高句麗に遠征など武力の面で名を残し、氏姓制度や部民制度を整えて大和政権の中央集権国家としての基盤を作った人物だ。また稲荷山古墳で出土した鉄剣の「獲加多支鹵《わかたける》大王」もオオハツセのことを指すとされている。

これほどの人物であるにもかかわらず、『日本書紀』でオオハツセは「大悪天皇」と評されている。オオハツセは数々の善政の一方で残虐な性格も見せており、また性に関して奔放であった。

オオハツセはある夜、采女《うねめ》と大殿籠《おおとのご》もった。采女の腹はみるみるうちに大きくなり、女児が生まれた。オオハツセは女児が歩きだす年頃になっても「一晩で子供なんかできるもんか」と自分の子供だと認めようとしなかった。1回の関係では子供はできないというのが通説だった時代、しかしあまりにも女児がオオハツセに似ているので、重臣はオオハツセに「一晩で何回召されたのか」と聞いた。オオハツセは恥ずかしそうに「7回……」と答え、重臣は「それは陛下の子供ですな」と父子関係を認めさせた。あまりの絶倫ぶりにみんな呆れたという。

また『古事記』ではオオハツセは天皇に即位したのちに全国を行幸し、各地の美女と大いに楽しんだと記されている。その道中、オオハツセは川で洗濯をしていた赤猪子《あかいこ》に一目惚れ。「結婚せずに待っておれ。必ず宮中に召す」と求婚し、その場を去った。しかしオオハツセはすっかりそのことを忘れてしまい、赤猪子は老婆になってしまったという。

『日本書紀』によると、名職人であった猪名部真根《いなべのまね》はオオハツセの前で「俺は木を削るとき、絶対に失敗しない」と豪語した。オオハツセは次の日、大勢の采女を引き連れて真根の職場へ出向き、「ではやってみせよ」と命じた。真根は慎重に作業を進めたが、何やらオオハツセ一行が騒がしい。ふと目を向けるとフンドシ姿の女たちが相撲を取っていたのだ。当然、集中力がなくなった真根は刃をこぼしてしまい、オオハツセは大喜び。「ウソつきめ！」と真根を捕らえ、処刑しようとしたという。さすがにこの時は助命嘆願が出て、真根は事なきを得ている。

お下劣な馴れ初めで生まれた皇后
ヒメタタライスケヨリヒメ

Profile

初代天皇である神武天皇の后。父はオオモノヌシ、母は出雲地方出身の家系の女だったとされる。神武天皇の崩御後は神武天皇の子であるタギシミミの妻となるが、夫が自分の連れ子を殺そうとしているのを知り、タギシミミ暗殺計画に荷担した。

神話
日本
残酷度
★

恥ずかしい名前をつけられた姫

人間誰しもが「自分が生まれることとなった時の両親の行い」は想像したくないだろう。神武天皇の后であるヒメタタライスケヨリヒメはそれを知ってしまうどころか、名前にまでつけられた可哀想な姫である。

彼女の父はオオモノヌシという神であった。蛇神、水神、雷神として多様な力を持ち、豊穣や疫病《やくびょう》除け、醸造《じょうぞう》などの神として信仰された。しかし、オオモノヌシは好色でもあった。もともとは蛇の姿であったが、人間の男に化けて夜這いを繰り返す。モモソヒメ（→P210）など、騙された女も多かった。変身して夜這いをかける点では日本神話版のゼウス（→P76）である。

そんなオオモノヌシはある日、セヤダタラヒメという美しい女がいると知った。もちろん放っておくわけにはいかないと考えたオオモノヌシは彼女に会いに行った。しかしガードは堅く、彼女に近づくことができない。そこでオオモノヌシは溝の上流で彼女を待ち伏せた。何の溝かというと『古事記』によれば「大便之溝」、つまりトイレの溝である。

しばらくすると彼女が用を足しにやってきた。『古事記』によると「美人爲大便之時」である。オオモノヌシは朱染めの矢に変身し、上流から流れていった。そして彼女の下にたどり着き、矢の姿のまま、彼女の陰部に突き刺さったのだ。

セヤダタラヒメは大層驚いて、「伊須須岐《いすすき》～！」と叫びながら屋敷へと走り去った。おそらく「伊須須岐」は悲鳴なのだろう。屋敷に戻ったセヤダタラヒメは陰部を確認。朱染めの矢が刺さっていたのでそれを抜くと、矢はたちまち男性の姿となり、ふたりは結婚した。

なぜそんな男と結婚したのかなど不明な点は多いが、こうしてふたりの間に女児が生まれたという。ふたりは大変喜び、その女児を「ホトタタライスキヒメ」と名付けた。意味を現代語訳すると「あそこを突かれてびっくりしたら生まれた出雲の姫」。当然、彼女は成長するに従ってその名を嫌うようになり、ヒメタタライスケヨリヒメに改名した。

現代にも生きているギリシャ神話

「ギリシャ神話」ってどんな神話?

ギリシャ神話というと、私たちの知っているような星座の由来になっているほか、マンガやアニメ、ゲームの題材にされることも多く、外国の神話・伝承の中では、もっともなじみ深いものだろう。では、そもそもギリシャ神話とは、いったい何なのだろうか。

ギリシャ神話は、古代ギリシャのさまざまな民族にそれぞれ伝わってきた神話や伝承が合わさって中核部分の物語ができ上がり、さらにさまざまな民話やエピソードが加えられて、蓄積された神話である。

ギリシャ神話を大きく分けると、3種類のグループに分類することができる。1つ目は世界の成り立ちに関する「世界の起源についての物語」、2つ目は主神ゼウスを中心としたオリンポスの神々を描いた「神々の物語」、そして3つ目は神の子である「半神」や「人間」が主役となる「英雄たちの物語」だ。

神々が生んだ世界 ギリシャ神話の創世記

ギリシャ神話によると、神々

が生まれる前の世界は、何もなくただカオス（混沌）が広がる状態だった。

天も地も海も混じり合った塊状の原初状態であるカオスから生まれたのが、大地の女神ガイアだ。ガイアはひとりだけで、天の神ウラノス、海の神ポントス、暗黒の神エレボス、愛の神エロスの4神を産んだ。ガイアは息子であるウラノスと結婚し、ウラノスは神々の王となる。

ガイアとウラノスとの交わりはクロノス、オケアノス、テティス、ムネモシュネらティタン神族と呼ばれる男女12柱の巨神のほかに、一つ目巨人のキュクロプス、百手巨人のヘカトンケイル、巨人ギガスや、蛇の化け物ピュトン、怪物の王テュポンなど、多数の魔神や怪物も生んだ。

子へのひどい仕打ちで妻子に抹殺されたウラノス

ウラノスは、我が子であるキュクロプスやヘカトンケイルらの姿があまりに醜いために嫌い、冥界タルタロスへ押し込めてしまう。いくら醜いといえども、自分の子供に対するウラノスのあまりの仕打ちに、ガイアは深く嘆き悲しんだ。ウラノスの横暴を許せなかったガイアは、ティタン神族末子のクロノスに命じてウラノスを襲わせたのである。

ガイアよりアダマスの鎌を譲り受けたクロノスは、ウラノスの男根を切り落として、最高神の座から追い落とすことに成功したのであった。

神々が殺し合う戦い「ティタノマキア」

ウラノスがいなくなり、ティタン神族が宇宙を支配する時代になると、彼らは同族同士やニンフとの間に、英雄や人間の祖となる、数多くの子供たちをつくった。神々の新たな王となったクロノスは、キュクロプスやヘカトンケイルたちをタルタロスから解放しなかったが、姉であるティタン神族のレアと結婚。

クロノスとレアの間には、ポセイドン、ハデス、ヘスティア、デメテル、ヘラという神が生まれたが、クロノスは子供が生まれるたびに次々と飲み込んでしまい、自らの腹中に封じることにした。これは、父ウラノスと同じように「自分の子に王座を奪われる」と予言されていたからであった。

末っ子ゼウスの活躍で父クロノスを打ち破る

次々と我が子を失ったレアはガイアの助力で秘かにクレタ島に渡り、6番目の子ゼウスを産む。ニンフたちに育てられたゼウスがたくましい青年へと成長すると、クロノスに挑んで腹中にいる兄姉たちを救出した。兄姉たちと協力し、クロノスらティタン神族との決戦（ティタノマキア）が始まる。当初、戦況は膠着していたが、ゼウスはタルタロスからキュクロプスやヘカトンケイルを解放して自軍に引き入れて、激戦の末にゼウス側が勝利を得た。

ティタン神族はタルタロスに幽閉されることとなり、ゼウスとポセイドン、ハデスによるくじ引きの結果、ハデスが冥界を、ポセイドンが海を、ゼウスが天空を治めることとなったのだ。

これより先は、オリンポスの神々の、そして神々によってつくられた人類の時代に移っていくのである。

意外な所で発見！今も生きるギリシャ神話

西洋人にとっての一般教養であったギリシャ神話は、芸術のモチーフとなることも多い。最も有名な作品は、ボッティチェッリの「ヴィーナスの誕生」だろう。ヴィーナスは、ローマ神話でのアフロディーテのことだ。フランシスコ・デ・ゴヤによる、「我が子を食らうサトゥルヌス」は、サトゥルヌス（クロノス）が自分の子を食い殺すシーンを描いた絵画で、非常にショッキングな作品だ。

ギリシャ神話はヨーロッパ文化の源流でもあり、それに由来する言葉や名称は多い。ゼウスが恋に落ちたテュロスの王女エウロペから、地名のヨーロッパがつけられたり、音楽や文芸、学術を司る女神ムーズの名前からミュージック（音楽）、ミュージアム（美術館、博物館）という言葉が派生していたり。また、人々にとって馴染み深いギリシャ神話に由来する企業名なども、身の周りに多くある。たとえば、スポーツ用品の「ナイキ」は、ゼウスを助けてティタン神族と戦った勝利の女神「ニケ」に由来している。トレードマークもニケの翼をイメージしたものだ。企業ロゴでいえば、コーヒーチェーンの「スターバックス」は、海の怪物セイレーンをモチーフにしている。名医アスクレピオスが持つ蛇が巻き付いた杖は、医療・医術のシンボルマークとして世界的に広く用いられており、世界保健機関（ＷＨＯ）のマークにも使われている。

国内では、子供向け運動靴で有名な「アキレス」は、アキレス腱の由来にもなった英雄アキレウスから付けられている。カメラの「オリンパス」は、ゼウスら神々が住まうオリンポス山にちなんでいる。

このように、知らず知らずのうちに私たち現代人の中で、ギリシャ神話は生き続けているのだ。

神に関する名言集

およそ神の為《な》し得ざるものなし。

キケロ『神々の本質について』より

第三章
復讐の神々

寛容で慈悲深く、
母なる包容力を持つ神。
しかし、すべての神がそうであるとは限らない。
神々は他者を憎み、恨み、
また激しい嫉妬を抱いた。
残酷な方法で復讐に及ぶ天上界の物語。

ヘラ

嫉妬の闇に落ちた家庭の女神

Profile

オリンポス十二神の一柱で、ギリシャ神話界最高位の女神。結婚や家庭と母性、貞節を司る。夫は最高神ゼウス。ゼウスには多くの妻がおり、ヘラが最初の妻ではないが、正妻はヘラである。ゼウスとの間にアレス、へベ、エイレイテュイアなどの子がいる。

神話　ギリシャ

残酷度　★★★★★

今も昔も神話世界でも変わらない妻の嫉妬

ギリシャ神話一の浮気者ゼウス（→P76）の正妻。結婚や貞節の女神だけあって、ヘラ自身は浮気とは無縁。愛したのはゼウスだけだったようだ。ヘラは夫の浮気グセが許せず、嫉妬心をむき出しにして怒り狂った。しかしその怒りはゼウスに向くのではなく、相手の女とその子供に向けられた。時には自分の子孫でさえも、嫉妬の犠牲になったというのだから凄まじい。

ゼウスはヘラを口説き落とすとき、いつものように変身を使った。カッコウに変化して愛を告

白し、関係を持とうとしたゼウスに対し、ヘラは「妃にしてくれなきゃイヤ」と強く拒否。ここまで来て途中で止めるなんてできなかったのか、ゼウスはその条件を飲んでヘラを正妻にしたのだ。ヘラはこののち、ゼウス以外と関係を結ぶことはなかったという。ゼウスは自分が浮気者であり、オリンポスでは男女とも恋には奔放《ほんぽう》であるにもかかわらず、貞淑な妻であることを望んだ。ヘラに関係を迫る者が出現した際は、冥界タルタロスに落として火の車に縛りつけたり、武器の雷霆《らいてい》で撃ち殺したりと、容赦なく処罰している。貞淑な妻と浮気者の夫という点では正反対だが、どちらも嫉妬深いことではよく似た夫婦なのかもしれない。

嫉妬の炎が夫の愛人とその子を焼き尽くす

ヘラの復讐は容赦ない。女性や子供に対して、有無を言わさず牙を剥《む》く。女性はゼウスと無理矢理に関係を結ばされていることも多く、「私のせいじゃない！　あんたの夫が悪いんでしょ」と、抗議するが、ヘラはお構いなしだ。たとえば色恋にはまったく興味を持たず、処女を誓ってアルテミス（→P58）に仕えていたカリスト。とても美しい妖精カリストに恋をしたゼウスは、アルテミスに化けて近づいた。カリストもアルテミスとレズ関係になりたかったのか、ゼウスはカリストの処女を奪うことに成功した。事が露見しカリストはアルテミスの側近の座を外されたうえに激怒したヘラの呪いで熊に変えられ、さらにはヘラがアルテミスに「あの熊を討ち取ってちょうだい」と言ったせいで、殺されてしまった。だまされて犯され、主君に捨てられ、熊にされ、殺される。こののち、この熊は天に上げられておおぐま座になったのだが、星座にしたからといってなんの贖罪《しょくざい》なのだろう。ゼウスとヘラ夫婦のせいで最悪な運命をたどった悪い例だ。

ヘラは夫の愛人を謀略で殺したこともある。セメレという人間とゼウスが浮気をしていた際のこと。ゼウスは人間に化けてセメレと付き合っていた。実は人間にとって、神々の真の姿を見るのは危険な行為。とくにゼウスは雷火をまとっているため、人間が見ると焼け死んでしまうのだという。ヘラはセメレの乳母《うば》に変身してセメレに近づき、「交際相手に本当の姿を見せてほしいとお願いしなさい」と吹き込んだ。セメレは信頼する乳母の言葉を聞き入れ、ゼウスに懇願。断りきれないゼウスが変身を解いたため、灼熱の光によって焼け死んでしまった。

結婚や家庭、母性などを司る女神なのに、母性に欠けるエピソードもある。ゼウスと人間の女性アルクメネとの間に生まれたのが英雄ヘラクレス（↓P212）。ヘラはヘラクレスにも襲いかかる。まだ赤ん坊のヘラクレスに毒蛇をけしかけて殺そうとしたのだ。ヘラクレスに握りつぶされて、大事には至らなかったが、これでいいのだろうか。おまけにヘラ自身の子ヘパイストス（↓P136）があまりにも醜いので捨てたとのエピソードもある。現代の感覚ならば、ヘラを母性の神と言うのは少々難しいように思える。

哀れな身の上と容姿で復讐に燃える神
ヘパイストス

神話
ギリシャ
残酷度
★★★

Profile

古くは雷と火山の神、のちに炎と鍛冶の神となったオリンポス十二神の一柱。ゼウスとヘラの間の息子、もしくはヘラがひとりで生んだ息子。円錐形の帽子、武具、金鎚、矢床などが象徴。キュクロプスらを従えて、神々の武器や道具を製造する天界の鍛冶屋。

醜すぎて母に捨てられた悲しい過去

天界に数多く住んでいる神々のうちでも、最もかわいそうな神はヘパイストスではないだろうか。美男美女ぞろいの天界において、〝醜くて有名〟というだけでも十分すぎるほど不幸だが、ヘパイストスは出生、結婚にまつわる悲しい話をたくさん抱えている。

まずその出生が残酷だ。ヘパイストスの両親はゼウス（↓P76）とヘラ（↓P132）。オリンポスの神々に君臨する最高神と正妻の間に生まれた子なのだ。しかも第1子である。普通に考えれば皇太子的な立場にあたる存在になる。普通ならば輝かしい未来しかありえないのではないだろうか。しかしヘパイストスの場合はそうではない。元々、ゼウスには前妻があり、前妻との間に立派な子供たちが生まれていた。焦ったのはヘラだ。「正妻なのに子供のひとりもいないようでは面目が立たない」と考えたヘラは、「早く子供が欲しい、前妻に負けない立派な子供が欲しい」と思いつめた。熱望の末に生まれた赤子だったのだが、その赤子は両足が曲がった、とても醜い姿だった。ヘラは我が子を天から投げ落としてしまったのだという。あまりにも醜いため激怒したからとも、醜さにショックを受けて思わず払いのけてしまったのだともいわれている。また生まれたときは単に醜いだけであったが、天から投げ落とされたときに地面に叩きつけられて足が悪くなってしまったとの説もある。ちなみにヘラは母性の女神である。

しかしヘパイストスもただ黙って実母によるいじめに耐えていたわけではない。数年後、なんとか天界に戻ったヘパイストスは、「いつか見ておけ」と、醜さが原因で起こる差別に耐えながら、得意の鍛冶技術を磨いていった。相変わらずヘラは我が子に冷たく、他人であるかのようにふるまった。彼はヘラへの不満をさらに募らせていく。「いつかあの女を見返してやる」と誓ったヘパイストスは鍛冶技術で復讐を試みたのだ。

ある日、ヘラのところに宝石を散りばめた、黄金の椅子が届いた。それはヘパイストスが作ったものだった。美しい椅子を見て喜んだヘラが座ったところ、ガッチリと拘束されて動けなくなってしまった。自分の力を使ってもどうにも逃れられないヘラは、息子を呼んで「助けてほしい」と懇願。ヘパイストスは「勝った」とほくそ笑みながら、交換条件を提示した。「私をあなたの実子と認め、神々の前で紹介してください」。ヘラは椅子に縛りつけられ続けることと、ヘパイストスを実子と認めること、2つの屈辱を天秤にかけて後者を選んだ。こんな経緯で実子と認められたとして、ヘパイストスは本当に幸せだったのだろうか。いずれにせよ、「復讐」の2文字がヘパイストスを大きく動かしていたことは事実だろう。

結婚相手の浮気現場を押さえ、神々の笑い者に

ヘパイストスもお年頃になり、結婚の話が浮上した。相手は絶世の美神アフロディーテ（↓P82）。醜いヘパイストスが誰もがうらやむほど美しい妻を手に入れたのである。

結婚したふたりだが、実は肉体関係は一切なかったという。自分で選んでおいて「醜いからイヤ」とアフロディーテが拒否したのだ。自分で選んだにもかかわらずその言い草。見た目は美しくても性根の曲がった女神に違いない。しかし新妻から全力で拒否されるとは、さすがのヘパイストスもショックだったのではないか。もしかしたらトイレなどにこもってシクシクと泣いたかもしれない。しかしヘパイストスは雑草のように強かった。またも「いずれ一泡吹かせてやる」

とばかりに、復讐の機会を狙ったのだ。

浮気症のアフロディーテが結婚したからといって男遊びをやめるわけがない。ましてや夫との間には何もないのだから余計に彼女は遊んだ。アフロディーテがなびいたのは軍神アレスだった。残虐なアレスは神々の嫌われ者だが、オリンポスでも1、2を争う美男子だったことから、面食いのアフロディーテはメロメロになってしまう。暴れん坊と尻軽女、お似合いのふたりともいえる。夫の留守にやってきては、ヘパイストスのベッドを使って濃厚に愛を交わすアレスたち。ふたりの密通に気づいたのは太陽神ヘリオスだった。ヘリオスはヘパイストスに密告。ヘパイストスは浮気者たちを激しく憎み、また仕事場で何かを作り始めるのであった。

ヘパイストスが作ったのは見えない網。この網をベッドに仕掛け、「仕事でしばらく帰れない」と家を出て行った。当然のように浮気を始めるふたりだが、裸で抱き合ったところを網で捕らえられてしまった。密会現場を取り押さえたヘパイストスは、伝令神ヘルメスに頼んで神々を集め、「面白い見世物《みせもの》をどうぞ」とふたりの痴態を大公開したのだ。その後、解かれたふたりは、恥ずかしさのあまりアレスはトラキアへ、アフロディーテはクレタ島へと逃げ、しばらく顔を出さなかった。ヘパイストスはポセイドンのとりなしで離婚し、アレスからも慰謝料を取ったという。

醜さから差別され続けたヘパイストスだが、確かな技術を駆使して神々に一目置かれ、憎き相手にも復讐を成し遂げている。「芸は身を助く」との言葉は今も昔も真実なのかもしれない。

人類に「火」を与えた賢者
プロメテウス

Profile

巨大な身体を持つとされるティタン神族の一柱。兄は天空を支えるアトラス、弟は「パンドラの箱」のパンドラの夫エピメテウス。名前の由来は「先見の明を持つ者」などの意味であり、知恵者として知られている。人間を創造したのはプロメテウスとの説もある。

神話
ギリシャ
残酷度
★★★

「仲間のカタキ！」とゼウスをつけ狙う

「火」を持たなかったため暗闇と寒さの中で震えていた人間に、「火」を与えた恩人ともされるのがプロメテウスだ。終始人間の味方としてふるまったため、尊敬と親愛を受けているプロメテウスだが、どうして人間をひいきにしたのか。彼の行動の裏側には「人間に対しての親愛」だけではなく、「ゼウスや神々への恨みつらみ」が隠されていた。「ゼウスが嫌いだから、人間に味方してやれ！」という、腹いせの心に突き動かされていたのだ。

ティタン神族とオリンポス神族が戦った「ティタノマキア」。「先見の明を持つ者」という意味の名であるプロメテウスは、「どう転んでもティタン神族の勝利はない」と早々に見切っていた。敗軍についても未来は暗い。ティタン神族の一柱だったにもかかわらず、プロメテウスはオリンポス側に味方したのだ。

プロメテウスがオリンポス神族に協力したこともあり、ティタノマキアは見込みどおりオリンポス側の勝利に終わった。ティタン神族の多くが捕縛され、自由を奪われる中、プロメテウスは勝利の立役者としてそれまでと変わらない自由や、ある程度の発言権を得た。しかし、プロメテウスは内心では納得していなかった。「いつか見ていろよ」と、同胞の仇討ちを誓っていたのだった。プロメテウスが全力で味方しなければ、オリンポスの勝利はなかったようにも思える。自分の意思でティタン神族を裏切っておいて、厚遇したオリンポス神族を恨む。未来を見通せる彼だからこその理屈かもしれないが、少し自分に酔っている印象も受ける。

そうした経緯でゼウスに対して恨みを持ったプロメテウス。最高神として君臨し、好き放題なゼウスを見て、「自分がいたから勝てたのに、いい気になりやがって」と、さらに憎しみを募らせていった。

ゼウスへの嫌がらせで人間に火を与える

なんとかゼウスに仕返しをしてやろうとたくらむプロメテウス。チクチクと嫌がらせするだけでは飽き足らず、決定的なチャンスを狙っていた。そんなときに思いついたのが、人間に火を与えることだった。ゼウスは人間に火を与えることを極端に避けていた。その理由が「人間に火を持たせたら、神と同じように強力な存在となる。われわれの地を荒らされると困る」からだと聞き、プロメテウスは「これだ!」とばかりに、ヘパイストスの仕事場に急いで行った。プロメテウスは彼がいないのを見計らって、炉の中にイグサを投入。点火した棒を持って、地上の人類のもとへと降りていった。

寒さに震える人間たちの前に、暖かい火を持って現れたプロメテウス。人々は彼に感謝したことだろう。そして火を使いこなすようになった人間たちは、闇を照らし、食物を調理するようになり、鍛冶を行って便利な道具や武器などを作るようになった。人間たちに文明をもたらしたのはプロメテウスだったのだが、その理由はゼウスや神々への嫌がらせにほかならなかったのだ。

人間が火を手にしているのを知ったゼウスは激怒。権力の神クラトスと暴力の神ビアに命じてプロメテウスを捕らえさせ、カウカソス山の頂上にある巨岩に鎖を使ってはりつけにした。この山にはハゲタカがいて、縛りつけられたプロメテウスは生きたままハゲタカに肝臓をつつかれるという責め苦を課せられた。人間なら肝臓をえぐられた時点で死んでしまうが、プロメテウスは神だから不死。肝臓を食べられてもしばらくたてば復活する。終わることのない地獄のような拷問を受けることになったのだ。

ゼウスやオリンポスの神々への復讐に成功し、喜んだのもつかの間、自由は奪われ、ハゲタカに内臓をつつかれ……と、ひどい目に遭ってしまったプロメテウス。それでも「ゼウスに一矢報いてやった」と思い続けたのか、それとも「こんなバカなことするんじゃなかった」と後悔したのか。真相は謎である。しかしこんなに残虐な罰を与えるゼウス。人間が火を手にしたことは相当に困った事態だったのかもしれない。人類が火を使い、文明を持つことがこれほどの罰に相当するということは、最高神ゼウスにとっての最大の敵は、神をも恐れぬようになった時の人類だったのかもしれない。

戦争をかき回したトラブルメーカー

アキレウス

Profile

人間のペレウス王と海の女神テティスとの間に生まれた英雄で、ホメーロスの叙事詩『イーリアス』の主人公。トロイア戦争において重要な人物でもある。足が速いことで知られ、「駿足アキレウス」とも呼ばれる。基本的には不死だが、足だけが弱点。

神話 ギリシャ

残酷度 ★★

"ほぼ不死"の英雄は戦場で死ぬ運命か？

英雄アキレウス。「アキレス腱」や運動靴などで有名な企業「アキレス」の名前の由来にもなった人物である。ギリシャ軍とトロイア軍との間で10年にもわたって争われた「トロイア戦争」では、さまざまな意味で大活躍する。人間の中にほぼ不死の半神が混じって戦うことについてや、アキレウスの気まぐれによって戦況が変わりすぎること、母が溺愛しすぎたこと、親友が殺されたのはアキレウスのせいだということなど、トロイア戦争におけるアキレウスは次から次へと事件を起こし、大いに状況をかき回した。アキレウスがいなければ、もしくは真面目に戦争に参加し続けていれば、結果は大きく変わっただろう。

人間と女神の間に生まれた半神アキレウスは、生まれつきの不死ではなかった。母テティスは息子を不死の身体にしようと、冥府を流れるステュクス川に息子をひたした。この川に身体をつけると、つかった部分が不死になるのである。テティスは息子の足首、もしくはかかと部分をつかんで川につけたため、その部分だけは不死にならなかったという。よく考えると息子を逆さ吊りにして川につけたことになる。なんともスパルタな光景である。

つまりアキレウスはほぼ不死だが、足の一部だけはそうではなかった。足を攻撃されれば死んでしまうのだ。テティスには息子がトロイア戦争に行けば、必ず死ぬという運命がわかっていたため、「決して戦争に参加してはいけない」と言い含め、女装をさせて遠くに預けた。アキレウスはその地で妻を得て、子供をもうけるなど幸せな日々を過ごしていたのだが、隠れていたアキレウスを目ざとく見つけた者がいた。それがトロイア戦争、もうひとりの主役であるオデュッセウスだったのだ。オデュッセウスはワナを仕掛けてアキレウスの女装を見破り、トロイア戦争への参加を勧誘した。基本的に逃げ隠れが嫌いなアキレウスは、ギリシャ軍の一員として戦争への参加を決意。「思い直して！」と嘆願する母に、「たとえ短く終わってしまっても誇り高く戦う人生が送りたい」と、反対を振りきって出て行った。ここまで強く言われると、母としても言い返す言葉がない。テティスはただ見守ることしかできなかったのだ。

女がらみの職場放棄から一転、親友の死で本気に

親友パトロクロスや部下と共にトロイア戦争に参加したアキレウスは、順調に戦功を重ねていた。しかし戦況も終盤に差しかかったころ、総大将アガメムノンに愛妾のブリセイスを奪われたのだ。「女をとられるなんて、もうやってられねえ」とばかりに職場放棄。周囲が何を言っても「やる気なくしたから、戦わない」の一点張りで引きこもってしまったのだ。これ以降、ギリシャ軍は勝利から見放される。

ギリシャ軍が劣勢になったのは、英雄が参戦しないことでトロイア軍が調子づきギリシャ軍は意気消沈したためとか、半神として人よりも活躍するアキレウスの不参加によって戦力が大きく削がれたためなどさまざまな理由がある。しかし最も大きな理由は、テティスがゼウスに「ギリシャを勝たせないでちょうだい」と頼んだからだ。以前から可愛い息子が軽く扱われているのが不満だったテティスは、「息子がいかに重要な人物か思い知らせてやるわ」とアキレウスが参戦していない戦いはすべて負けさせるようにと頼んだのだ。ゼウスもなぜかこれに全面協力。トロイア軍に情報を筒抜けにするなどして、ギリシャ軍は連敗に次ぐ連敗となったのだった。この状

況を見た親友パトロクロスは、ギリシャ軍を助けてくれるように頼み込んだが、アキレウスは拒否。仕方なくパトロクロスはアキレウスの鎧を着て出陣した。敵も味方も、「アキレウスが来た」と大騒ぎになり、ギリシャ軍は息を吹き返したのだったが、パトロクロスはトロイア軍の事実上の総大将ヘクトルに討たれ、鎧も命も奪われた。アキレウスは親友の死を嘆き、復讐のために出陣。テティスは新たな鎧を用意して送り出す。戦場で総大将ヘクトルとアキレウスは一騎打ちし、アキレウスは親友の仇を討ったのだった。

　アキレウスはヘクトルの鎧を剥ぎ取り、丸裸にしたヘクトルを戦車の後ろにつなげて引きずりまわした。親友を殺された腹いせにとった行動だとは思うが、相手方の将に対してなんとも非道な仕打ちである。ヘクトルの父はこれを悲しみ、またゼウスもあまりにもひどいと考えたことからアキレウスを説得。ヘクトルの遺体は無事に返されることとなった。

　これで気がすまないのはトロイア軍の面々だ。「アキレウス憎し」の声が高まり、ヘクトルの親友パリスが立ち上がった。この若者に援助したのは、かつてアキレウスに神殿を汚されたために恨みに思っていた太陽神アポロン（→P98）だった。アポロンの力を借りたパリスは、矢でアキレウスたったひとつの弱点を的確に射貫《いぬ》き、英雄はついに大地に倒れて絶命した。テティスの予言どおりに戦争で命を失ったのだ。親友の仇討ちが死の連鎖を招く皮肉な結末。トロイア戦争をかき回し続けた英雄はこうして戦場からも人生の舞台からも降りることになったのだ。

嫉妬で身を滅ぼした美しきヴァルキリー
ブリュンヒルド

Profile

戦死した兵士をヴァルハラに導く者としてオーディンに仕えた戦乙女（ヴァルキリー）。戦の勝敗を決する力を持っているとされる。ワーグナーの歌劇「ニーベルングの指環」では主神オーディンと女神エルズの間に生まれた子供とされている。

神話
北欧
残酷度
★★

眠りから目覚めさせた運命の王子との恋

美しきヴァルキリーとして働き、ルーン文字や魔術の知識も持っていたブリュンヒルドは今でいう才色兼備の女。オーディンに仕え、戦場の勝敗を決する力を持っていた。

ある戦争でブリュンヒルドはオーディンの命令に逆らい、負けさせるはずの軍を勝たせてしまう。これにオーディンは激怒した。ブリュンヒルドはそれまでの地位を奪われたうえ、灼熱の炎に囲まれた城で眠りにつかされてしまったのだ。その眠りは、炎を越える者が現れるまで続き、

また炎を越えてきた男に求婚されたらその男と結婚しなければならないというものだった。

眠り続けるブリュンヒルドにやがて運命の出会いが訪れる。竜殺しの英雄として名をはせていた青年シグルズが、彼女の持つさまざまな知識を求めてやってきたのだ。シグルズの乗る馬は、オーディンの愛馬スレイプニルの血を引く名馬グラニ。燃え盛る炎を臆《おく》することなく飛び越え、シグルズはブリュンヒルドを目覚めさせ「運命の王子さま」となった。

目覚めたブリュンヒルドとシグルズは、さまざまな知識を交換しながら共に暮らした。男女ふたり、日々を暮らせば当然のように愛が芽生える。ふたりはやがて親密になり、ついには将来を約束する。だが、シグルズは旅に出なければならなくなった。シグルズは黄金の腕輪をプレゼントし、「必ず戻ってくる、そうしたら一緒になろう」と誓ったのだった。

旅立ったシグルズは、旅路でギューキ王の世話になった。王にはグズルーンという娘がおり、一家はシグルズと娘の結婚を願っていた。王妃はシグルズに忘れ薬を飲ませ、ブリュンヒルドのことを忘れさせてしまう。すべて忘れたシグルズは、グズルーンとの結婚を承諾した。

嫉妬に我を忘れた美女のみじめな結末

グズルーンの兄のグンナルは、うわさに聞くブリュンヒルドを妻にしたいと考えていた。だが炎を越える馬など、普通の人間は持ち合わせていない。自分には無理だと悩むグンナルに、「我が愛馬ならば炎をも恐れない。私が君に変身してプロポーズしてこよう」と、シグルズは告げる。シグルズはグンナルになりすまして炎を越え、ブリュンヒルドにプロポーズ。呪いのとおり、ブリュンヒルドはこれを受け入れることとなり、2人はギューキ国へ向かった。

シグルズが忘れ薬を飲まされたことに気付いたブリュンヒルドであったが、どうすることもできない。シグルズへの愛を捨てきれないまま、望まぬ結婚生活を送っていた。さらに何も知らないグズルーンは夫自慢を始める。「私の夫は炎を越えることができるの！　そしてこの腕輪をプレゼントしてくれたのよ」と見せびらかしたのは、ブリュンヒルドがシグルズから誓いの証としてもらった黄金の腕輪だった。シグルズは、グンナルとしてブリュンヒルドのもとを訪れたとき、美しい黄金の腕輪をこっそり拝借していたのだ。その腕輪がグズルーンに渡ったことを知ったブリュンヒルドは、自分にプロポーズしたグンナルが実はシグルズだったというからくりに気付く。怒りに震えるブリュンヒルドは、シグルズにこう言い放ったという。

「私の胸にあなたを抱くことができないのなら、あなたなんか死んでしまえばいい」

ブリュンヒルドはグンナルの弟をそそのかし、英雄シグルズの暗殺を成し遂げる。シグルズの亡骸《なきがら》を前に泣き崩れるグズルーンの声を聞きながら、ブリュンヒルドは狂ったように高笑いし、自ら炎に飛び込んでシグルズのあとを追ったという。

国生みの女神から恐ろしい死神へ
イザナミノミコト

神話
日本
残酷度
★★★

Profile

兄であり夫であるイザナギノミコトと「国生み」「神生み」として日本列島を形づくる多数の子を生んだ女神。火の神カグツチを生んだ際、陰部にヤケドを負って亡くなり、黄泉《よみ》の国に住むことになった。のちにイザナミはイザナギと離縁し、黄泉の国の主宰神となった。

亡くなった妻を迎えに黄泉の国へ行くイザナギ

イザナギと共に日本の国土を生み出したイザナミ。日本を創世した重要な二柱である。日本の国土がようやく完成し、「次は八百万《やおよろず》の神々を生むぞ」と、決意も新たにイザナギと神生みに精を出し始めた。最初の何柱かの神々はスムーズに生み出せたのだが、火の神カグツチを生んだ際に悲劇が起こった。出産の際、イザナミはカグツチの火で陰部に大ヤケドを負って死んでしまう。

妻を亡くしたイザナギは嘆き悲しみ、妻を失うきっかけになった我が子カグツチを斬り殺して

しまった。そのうえで「なんとか妻を取り戻したい」と強く願ったイザナギは、死者の住む黄泉の国に行ってイザナミを連れて帰ってこようと考えた。

黄泉の国で妻と再会したイザナギは「まだ国づくりも終わってない。一緒に帰ろう」と提案する。一緒に帰りたいイザナミだが、どうしても帰れない理由があった。黄泉の国のものを食べてしまったのだという。イザナギはその意味がよくわからなかった。イザナミは「もっと早く迎えに来てくれれば……」と言いつつも、「黄泉の国を治める神に、いい方法がないか聞いてきます」と奥へと入っていった。その際、イザナミは「私が戻るまで、絶対にのぞかないように」と強く言いつけた。しかしのぞかないようにと言われたら、のぞいてしまうのが世界の神話の常識だ。

「見るなのタブー」を破った末に……

なかなか戻らない妻を待ちきれなくなったイザナギは、言いつけも忘れてつい灯りをつけて妻の姿をのぞいてしまった。そこにいたのは、美しかった妻の変わり果てた姿。身体は腐り、顔にはウジが湧き、身体には8匹の蛇がうごめいていたのだ。

あまりにひどい有様に、絶句するイザナギ。さっきまで「愛しい妻」だと思っていたイザナミへの愛情も忘れ、一目散に逃げ出したという。世界各国の神話の例に漏れず、イザナギもいわゆる「見るなのタブー」を破ってしまった。それを犯してしまった者には厄災が訪れるというのが王道的な展開だが、その厄災の対象はイザナギだけではなかった。

約束を破ったことにも、逃げ出したことにも腹を立てたイザナミ。「私に恥をかかせたわね！」とばかりに、鬼女を使って追いかけた。逃げるイザナギ、追いかける鬼女。もう無理だと思ったそのとき、イザナギは咄嗟《とっさ》に身に着けていた髪飾りとクシを投げた。すると髪飾りは山ブドウに、クシはタケノコになり、鬼女たちがそれを食べている間になんとか逃げおおせた。

イザナギがようやく、あの世とこの世の境界にあたる「黄泉比良坂《よもつひらさか》」までたどり着いたとき、「待ちなさい」と声が聞こえてきた。イザナミが追いついてきたのだ。ようやく助かったと思った矢先、グロテスクな姿になった妻に呼び止められイザナギの背筋は凍った。妻への愛情よりも恐怖でいっぱいのイザナギは、火事場の馬鹿力を発揮。1000人がかりでも動かせないような大岩を抱え上げ、「もうお前とは離婚する」と宣言して道を封鎖しようとした。

夫からの一方的な言葉にますます怒り狂ったイザナミは、「あなたの国の人を1日1000人ずつ殺します」と大量殺戮を宣言。イザナギは「ならば、私は1日1500人を生もうじゃないか」と、なんの解決になっているのかわからない宣言を返した。こうして人間には寿命ができたのだという。人間が必ず死ぬようにできているのは、国を生んだ夫婦神が起こした、大規模極まりない夫婦ゲンカのとばっちりだったのだ。

ひとりの女をめぐり兄弟で大騒動
オオサザキノミコト

Profile

第16代仁徳天皇。応神天皇が崩御したのち、別の皇位継承者であるウジノワキイラツコと互いに皇位を譲り合ったが、ウジノワキイラツコが亡くなったため即位する。治水事業や税の免除などを行い、国家の体制を整えたため、「聖帝」とも呼ばれる。

神話
日本
残酷度
★★★

異母妹に振られ、皇位も狙われる悲劇

聖帝として名高いオオサザキノミコト。しかし私生活では無類の女好きで、さらに皇后のイワノヒメはとんでもなく嫉妬深い性格。まるでゼウス（→P76）とヘラ（→P132）のような夫婦だった。あるとき、腹違いの妹メドリに恋したオオサザキ。自分では言い出せないので、腹違いの弟ハヤブサワケに頼んで求愛しに行かせた。しかしメドリは「あんなヤキモチ焼きの奥さんがいる人はイヤ」と、天皇からの求愛をあっさり拒否。その上、「あなたと結婚したい」と間に入ったハ

ヤブサワケを指名した。ハヤブサワケとメドリは内緒で結婚し、一緒に暮らすことになった。待てど暮らせど弟が帰ってこないので心配になったオオサザキ。仕方なく自分でメドリの家を訪ねた。するとメドリがハヤブサワケのことを想う歌を詠みながら機《はた》を織っているではないか。「弟のほうがいいなら仕方ない」と思ったのか、一度はメドリをあきらめたオオサザキ。しかし、メドリがハヤブサワケをたきつけて、皇位を奪おうと考えていることを知ってしまったのだ。「そろって俺をコケにしやがって、徹底的にやってやるぞ」とオオサザキは復讐に燃える鬼となったのだ。求愛を拒まれ、愛する女を横取りされたことは許せても、皇位簒奪《さんだつ》はやはり重罪。オオサザキの怒りも当然である。

オオサザキはヤマベノオオタテに指揮させた軍を差し向け、メドリとハヤブサワケは手に手を取って山に逃げ込んだ。しかし、その逃走は長くは続かなかった。ついには追っ手に捕まってしまい、ふたりは無残に殺されてしまった。

この討伐の際、ヤマベノオオタテはメドリの着けていた腕輪が見事だったので、遺体から取って自分の妻に与えた。死体から取った腕輪でも嬉しかったのか、妻はその腕輪を皆にみせびらかした。これに気づいたのがオオサザキの妻イワノヒメだ。嫉妬深いイワノヒメは「臣下の分際で、天皇の妹の腕輪を盗み、妻に与えるとはどういうことですか!」とひどく怒り、処刑してしまったという。

ティアマト

メソポタミアの神々の祖となる地母神

神話 メソポタミア
残酷度 ★★★

Profile

メソポタミア神話において、その身体から世界がつくられたとされる地母神。上半身が人間、下半身は巨大な蛇の姿で描かれることもある。現代のフィクションでは竜の姿でよく登場する。夫のアプスー神との間に多くの神が生まれたが、子供らと仲たがいして滅ぼされた。

子孫たちとの戦いに敗れ、涙は大河を生む

苦い水（塩水）を意味する名を持ち、母なる海を連想させるティアマト。彼女には、甘い水（淡水）という意味の名を持つアプスー神という夫がいた。二神の間にはたくさんの子供が生まれ、エア（→P118）もその中にいた。だが子供との生活をわずらわしく感じたアプスー神は子供たちを殺そうとする。ティアマトは猛反対し、「アプスーがあなたたちを殺そうとしている」と子供たちに警告。それを聞いたエアは、兄弟姉妹と共謀してアプスーを殺害してしまった。

ティアマトは複雑な感情を抱きながらも子供たちを見守ることにしたが、次第に子供たちは権力を欲するようになる。あげく、「神々の主の座を譲ってほしい」と要求してきた。ティアマトは激怒し、子供たちとの全面対決へと突き進んでしまう。

ティアマトは新たな夫キングーと共に、子孫の殲滅《せんめつ》に乗り出した。自ら生んだ11体の怪物に神性を与え、軍を率いさせて子孫たちに差し向けた。7つの頭のドラゴンや、毒蛇、サソリ人間に魚人などといった怪物がエアたち子孫を襲う。

子孫たちの側には、エアの息子のマルドゥクという勇猛な神がいた。彼はひるまず、それらの怪物をすべて撃退した。マルドゥクは他の神の2倍の神性を与えられた武神で、目と耳は2つでなく4つ。悪風を従え、操ることができる。マルドゥクはキングー神をも倒し、ついにティアマトとの決戦に臨む。巨体を怒りにふるわせながら襲いかかるティアマト。だが、マルドゥクも後に退かない。ティアマトが彼を飲み込もうと口をあけた瞬間、激しい風が吹き、ティアマトは口が閉じられなくなった。そのすきをついて、マルドゥクは剣を身体の中まで刺し貫いた。さすがのティアマトもこらえきれず、ついに息絶えたのだった。

ティアマトは死後、マルドゥクによって身体を2つに引き裂かれ、天と地に姿を変える。その乳房は山になり、目からはチグリスとユーフラテス川が流れ出た。大地の礎《いしずえ》となった母なるティアマトだが、その無念の思いはいかほどだっただろうか。

兄を病的に慕うヤンデレ女神
アナト

Profile

エジプト神話の戦いの女神だが、古代都市ウガリットの粘土板文書にもその記述がある。ウガリット版では愛と戦争の女神で、英雄神バアルの妹であり妻とされる。兄バアルに狂信的な愛情を抱き、戦いでは好戦的に多くの敵を殺した。大変な美女として描かれる。

神話
ウガリット
残酷度
★★★★

凶暴な妹キャラがくりひろげた壮絶な復讐劇

古代シリアのウガリット神話で語られる神バアルの美しい妹アナト。その行動原理は、とにかく兄のバアル第一。病んでいるとしか思えないほどに兄を慕い、「お兄ちゃんを侮辱するやつはこの私が頭蓋骨《ずがいこつ》をかち割ってやる」と恫喝することも辞さない、好戦的な性格だ。彼女の登場する物語は血で血を洗う戦いと殺戮《さつりく》に彩られている。

兄のバアルが海神ヤムを倒した際に開かれた晩餐会《ばんさんかい》でのこと。突然、殺戮衝動に突き動かされ

たアナトはその場にいた男たちを惨殺。腰までつかるほどの血の海の中に座したアナトは、犠牲

者のはらわたを取り出して悦に浸っていたという。そんな凄惨な光景、現代のホラー映画でもな

かなかお目にはかかれまい。

バアルが死の神モートに殺された際には、マフィアも顔負けの壮絶な復讐劇が展開された。

そもそもの起こりは、モートがバアルのもとに届けたメッセージ。それは、「神々の支配者は

私だ。それなのに前回の宴会には肉料理が出なかった。冥界に来なさい」という内容だった。あ

らゆるものを飲み込む冥界の主モートは誰からも恐れられており、バアルも冥界へ行くことをた

めらった。そこで太陽神シャマシュに相談すると、身代わりを用意せよとアドバイスされる。バ

アルは牝牛に身代わりを生ませ、息子を得た。その子と娘たちを伴い、意を決して冥界へ赴《おもむ》く。

だが、策もむなしく、バアルはモートに殺されてしまった。

バアルが死ぬと、世界は荒れ、作物も育たなくなってしまった。アナトの怒りのボルテージは

限界突破。バアルの死体を見つけたアナトは、悲しみのあまり兄の肉体を食べ、山には生贄をさ

さげた。「必ず仇を取ってきます」と誓ったアナトは、冥界のモートのところへ。モートを捕ら

えると、その身体を切り刻んで殺害した。しかしそれでもアナトの気は収まらない。さらに遺体

を火で焼き、臼で挽いて粉々にし、畑にばらまいた。すると畑からバアルが復活。さらに7年後、

モートも復活してしまうのだが、再び対決した二神はシャマシュの説得に応じて和解した。

人身御供《ひとみごくう》を好む夜と争いと魔術の神
テスカトリポカ

Profile

アステカ神話の主要な神の一柱で、神々の中で最も大きな力を持つ。名前は「煙を吐く鏡」という意味。戦争、魔術、夜、不和など多くの概念を司る神である。顔を黒と黄色に塗り、片足が鏡か蛇に置き換わった黒い姿をしている。ケツァルコアトルとは犬猿の仲。

神話
アステカ
残酷度
★★

世界を破滅させる足の引っ張り合い

テスカトリポカとアステカ神話の文化英雄ケツァルコアトルは、いわば宿命のライバルとでもいった関係にある。ふたりの争いは破滅そのものであり、世界は彼らによって何度も滅亡の危機に陥った。そのはた迷惑なケンカの中で最も有名なものが、太陽の座をめぐる争いだ。

最初に太陽として世界を支配していたのは、テスカトリポカだった。しかしそれを面白く思わなかったのが、ケツァルコアトルである。彼はあろうことかテスカトリポカを大きな棒で殴って水の中に落とし、自分が太陽の座を占めてしまった。なんという短絡的な犯行だろうか。

しかし、テスカトリポカも黙って受け入れたわけではない。彼はジャガーに変身して、ケツァルコアトルが支配を始めた世界の住人を皆殺しにしてしまった。これで最初の世界は滅び、続いてケツァルコアトルを太陽とする第2の世界が再び現れたが、またもやテスカトリポカはジャガーに変身してケツァルコアトルを後ろから蹴落とし、この世界も崩壊した。受けた恨みは忘れないというのか、それとも権力の座に未練があったのか、どちらにせよ見苦しいケンカである。

太陽の座を巡る争いが終わっても、ふたりの仲は好転しなかった。むしろテスカトリポカは、ケツァルコアトルが人々に人身御供の習慣をやめさせたことを恨みに思っていた。

テスカトリポカはそこで一計を案じた。ケツァルコアトルに呪いをかけた酒を飲ませると、ケツァルコアトルはべろんべろんに酔っぱらったあげく、自分の妹と関係を持ってしまった。酔っていたからというだけでは許されない所業であるが、それこそが呪いの酒の効果なのかもしれない。これにより、ケツァルコアトルは自分の国から追放されてしまった。

さて、アステカ帝国には、ケツァルコアトルがいつか戻ってくるという伝承があった。16世紀初頭にスペイン人コルテスがアステカ帝国を侵略したとき、アステカの人々はコルテスこそがケツァルコアトルの化身に違いないと信じてしまった。侵略に対する抵抗が遅れてしまったのは、そのためであるとも言われている。神話の中の諍《いさか》いが、現実にまで災いをもたらしたといえる。

我々が暮らす日本の起源

『古事記』と『日本書紀』の違いとは？

日本神話として代表的な書物は『古事記』と『日本書紀』のふたつがある。天武《てんむ》天皇によって同時期に編纂されたため、内容的にも重複しているこの2つの物語には、どのような違いがあるのだろうか。

稗田阿礼《ひえだのあれ》が口述し、太安万侶《おおのやすまろ》が筆記・編纂した『古事記』は上中下の全3巻構成。天皇家の歴史を中心に扱い、物語になっているのが特徴だ。載っているのは「天地初発」から「推古天皇」まで。基本的には国内の人々に対し、「どうして天皇家が日本国を支配しているのか」という根拠を示すのが狙いだと考えられている。

対して川島皇子《かわしまのみこ》ら6人の皇族と6人の官人が中心になって編纂し、舎人《とねり》親王が完成させたのが『日本書紀』。全30巻と系図が1巻という壮大な書物となっている。扱うのは「天地開闢《てんちかいびゃく》」から「持統《じとう》天皇」まで。こちらは海外に向け、日本という国家をPRしようとの意図で作られたとされる。

ふたつの書物には共通している部分も多いが、どちらかにしかない項目や書き方が異なる話などもある。読み比べてみると新たな発見がありそうだ。

「神の世」から「人の世」への移り変わり

日本神話の記述は大きく分けてふたつのパートから成り立っている。前半は「神代神話」と呼ばれる、神の時代の物語。神武天皇が即位する前までの時代をいう。後半は歴代天皇についての神話伝承になる。神の時代から、人の時代へ、日本神話が大きなターニングポイントを迎えているのだ。

後半の天皇神話に関しては、実在したかどうかわからない名前もたくさん出てくるが、明らかに実在した天皇などの名前もあることから、どの部分が史実なのかについては、現在も研究が続けられている。

すぐに身を隠してしまった当初の神々

「神代神話」は、まず天地開《てんちかい》闢《びゃく》からはじまる。まずはそれまで一体だった天と地とがふたつに別れたというエピソードだ。その際、天上世界の高天原《たかまがはら》に3柱の神々アメノミナカヌシ、タカミムスビ、カミムスビが誕生した。彼らは何もないところから生まれ、すぐに身を隠してしまった。続いて別の2柱の神が生まれたが、彼らもすぐに隠れてしまう。天地のはじまったときに現れたこの5柱の神々を、特別に「別天《ことあま》つ神《かみ》」と呼ぶ。

その後、クニノトコタチ、トヨクモの2柱が生まれるが、またすぐ隠れてしまった。そしてついにウヒヂニとスヒヂニという男神・女神のペアが誕生する。さらに次々と男女ペアの神々が誕生した。この男女ペアの神を、合わせて「神世七代」と呼んでいる。神世七代の最後に生まれたペアが、これから日本を生むことになるイザナギ・イザナミだった。

最初は失敗したふたりの国生み

イザナギとイザナミは神々から国を生むようにと命じられた。このとき、まだ地上はドロドロとしており、固まっていない混沌とした状態だった。2柱は浮橋の上に立ち、「天沼矛《あめのぬぼこ》」を刺し下ろして外界をかき混ぜた。すると矛から垂れたしずくが積み重なって、淤能碁呂島《おのごろしま》ができたという。2柱は島に降り立ち、ここで結婚することにした。

自分たちの身体を観察すると、イザナギには余っている部分があり、イザナミには足りない部分があった。この部分を結合させて、国を生むことになったのだ。2柱は天之御柱《あめのみはしら》を回り、まずはイザナミが「ステキな男」と声を掛けた。次にイザナギが「美しい乙女だ」と応じて、柱の下で交合した。しかし生まれたのは骨なしの水蛭子《ひるこ》とふわふわとした淡島《あわしま》だった。

ついに形をなした日本の島々

とても国土とは言えないものしか生めなかった2柱は高天原の神々に相談した。その結果わかったのは「女神が先に声を掛けたため」との事実。その証拠にイザナギが先に声を掛けると、今度は立派な子供が生まれた。

こうしてイザナギとイザナミは「大八島国《おおやしまのくに》」を構成する島々を生み出していった。最初は淡路島、次に四国、隠岐《おき》島、九州、壱岐《いき》島、対馬、佐渡島、最後に生まれたのが本州だった。2柱は続けて児島半島、小豆《しょうど》島、周《す》防大島《おうおおしま》、姫島、五島列島、男女群島の6島を生んで、国生みは無事に終わった。日本神話における日本の誕生は、イザナギ・

イザナミの共同作業として書かれている。この後、2柱は神々を生むことになり、イザナミが亡くなり、黄泉の国へと旅立つという物語に続いていくのだ。

現代にも生きる日本神話に基づく信仰

日本神話に登場する神々や宝は現代の日本でも重要なものとして考えられ、信仰にもつながっている。たとえば因幡の白ウサギを助けたオオクニヌシを祀る「出雲大社」や天岩戸に隠れたアマテラスを祀る「伊勢神宮」は、現在も非常に重要な神社として扱われており、多くの人が参拝に足を運ぶ。特に伊勢神宮には「三種の神器」のひとつ「八咫鏡《やたのかがみ》」があることでも知られる。

三種の神器とは、日本の歴代天皇が継承してきた3つの宝物のことで、「八咫鏡」のほか「八尺瓊勾玉《やさかにのまがたま》」「天叢雲剣《あめのむらくものつるぎ》」の3種のことを指す。鏡はアマテラスが天岩戸に隠れた際、「高貴な神の顔を見せる」ために使われたもの。剣は、スサノオが退治したヤマタノオロチの尻尾から見つかったものである。宮中に安置されていたが、崇神《すじん》天皇の時代に、鏡と剣は宮中の外に置かれることが決まったため、宮中には形代《かたしろ》（レプリカ）が置かれている。鏡は伊勢の神宮の皇大神宮に、剣は熱田神宮に奉斎されており、勾玉は皇居吹上御所の「剣璽《けんじ》の間」に安置されている。一般の者が見たり、触ったりすると最悪死ぬこともあるほど、畏れ多く、高貴なものなのである。

神に関する名言集

世のなかのよきもあしきもことごとに、
神のこころのしわざにぞある。

本居宣長『玉鉾百首』より

第四章
身内殺しの神々

神々の残酷なる魔手は、
ときに家族や親族まで及ぶことがある。
兄は弟を恨み、父は娘を犯し、
そして子は親を、親は子を殺める。
人間界の道徳律が通用しない、
天上界の近親憎悪をのぞき見る。

運命を変えられなかった英雄
オイデュプス

Profile

テバイ王ライオスとその妻イオカステの間に生まれる。実の父を殺し、実の母と親子婚する運命を背負っており、知らず知らずのうちに運命通りの道をたどってしまった人物。フロイトが提示した「エディプスコンプレックス」という言葉の語源にもなっている。

神話
ギリシャ
残酷度
★★

神々と異なり人間の近親婚はタブー

兄弟姉妹や親子の間で結婚したり、子供を生んだりと乱れに乱れたオリンポスの神々だが、人間世界では近親婚はタブーだったようだ。「実父を殺し、実母と交わる」との神託を受けた青年オイデュプス。運命に対抗しようとしたオイデュプスは、結局運命に翻弄されることになる。

事の起こりはオイデュプスの父でテバイ王のライオスがアポロンから神託を受けたこと。アポロンは「お前は子供をつくるべきではない。生まれた子供は実父を殺し、実母と交わるだろう」

と告げた。この神託はライオスの過去が呪われていたために下されたもの。若いころ、ある王家の美少年に邪恋したライオスは、少年を連れ去って殺した。この時の罪が尾を引いていたのだ。欲望を押し殺していたライオスだが、おのれの情欲に負けて子供をつくってしまった。我に返ったライオスは、神託を恐れて子供を殺そうとした。しかし、かわいい我が子を手にかけることはできなかった。そこで子供の両かかとをブローチで刺し、従者に子供を山中に捨てろと命じた。だが子供を哀れに思った従者は子供を羊飼いに預け、めぐりめぐって男児はコリントス王子として育てられることになった。男児のかかとが腫れていたことから、男児はオイデュプス（腫れ足）と名付けられ、元気に育っていった。

スフィンクスを退治した結果が悲劇につながる

オイデュプスは、非常に優れた青年へと成長する。しかし、優秀な彼をひがんだ周囲から「お前なんか実子じゃないくせに！」となじられた。出自についてまったく疑わなかったオイデュプスだが、両親に「僕はふたりの本当の子供じゃないって本当なんですか？」とは聞けなかった。彼はひとり悶々と悩んだ末、デルポイに行ってアポロンの神託を受けることにした。しかしアポロンはオイデュプスに疑問の答えを与えるのではなく、「故郷に戻れば、父を殺し、母と寝所を共にすることになる」と告げた。コリントス王夫妻を実の両親と考えていたオイデュプスは、「父を殺すなどとんでもない」と、自分の運命を恐れてコリントスから離れることにした。

戦闘用馬車に乗って旅をする途中、同じような馬車に乗った老人と会った。「道を譲れ」「譲らない」の押し問答の末、オイデュプスは老人を打ち殺してしまった。老人は名乗らなかったため、オイデュプスは知らなかったが、それは実の父ライオスだった。

突然王を失い、テバイは混乱した。王妃イオカステの弟クレオンが摂政《せっしょう》として国を治めたが、テバイにはスフィンクスが出現し、さらに混乱を招いていた。スフィンクスは謎を出し、答えられない者を食べてしまう恐ろしい怪物。クレオンはスフィンクスの謎を解き、怪物を撃退した者にイオカステとテバイを与えるとのお触れを出した。オイデュプスは見事謎を解き、イオカステと結婚、2男2女を得た。さらにテバイ王として国を治めることになった。オイデュプスはイオカステが実の母親だとは知らない。何も知らないままに実父を殺し、実母と交わるという神託どおりの運命をたどったのだ。のちにオイデュプスとイオカステは真実を知って絶望することとなる。イオカステは自殺し、オイデュプスは自分で自分の目をえぐって放浪の旅に出たという。過去に因縁のあったライオスはともかく、何も知らないイオカステとオイデュプスにとってはあまりに残酷だ。知らないものは仕方ないとしか思えないうえ、運命から逃れるための行動が裏目に出るとは皮肉な結末ではないだろうか。

父を殺し、我が子を丸飲みに
クロノス

Profile

大地と農耕を司る神。天空の神ウラノスを父、大地の神ガイアを母に持つ息子で、12柱いるティタン神族の末弟。妻はレア、子供にはハデス、ポセイドン、ゼウス、ヘラ、ヘスティア、デメテルらがいる。時間の神であるクロノスは同名の別の神。

神話
ギリシャ
残酷度
★★★★★

実の父を殺すため、男根をバッサリ切断

ゼウス（↓P76）やポセイドン（↓P88）、ヘラ（↓P132）、ハデスなど、名だたる神々の父親がクロノスだ。全宇宙の神と聞くと、さぞや人格者だろうと想像するが実際はまったくそうではなかった。稀世の好色神ゼウスや、オリンポスの種馬ポセイドン、嫉妬の鬼ヘラの父親だと考えると、どの程度の破綻者《はたんしゃ》か想像できるだろう。子も子なら親も親といった具合にクロノスも相当、おかしな神であった。

クロノスの両親、ガイアとウラノスの間には次々と子供が生まれたが、父ウラノスは子供たちの力を恐れて冥府タルタロスに幽閉してしまった。怒ったガイアは鋼鉄製の大鎌を作って子供たちを集め、「力を合わせてウラノスを倒しなさい」とけしかけた。しかし子供たちは父の力を恐れて立ち向かおうとはしなかった。このとき「私が父を倒しましょう」と宣言したのが、12兄弟の末子クロノスだった。

クロノスはウラノスが眠ったところに襲いかかる。左手を伸ばしてウラノスの男根を握り、右手に持った大鎌で切断。血まみれになった男根をエーゲ海に投げ捨てた。このとき、大地にしたたり落ちた血からは巨大な怪物ギガス、復讐の神エリニュスらが誕生した。また海に捨てられた男根から立ち上った泡の中からアフロディーテ（↓P82）が生まれている。父を殺すのはいいとして、どうして男根を切る必要があるのだろうか。神は基本的に不死なので殺すのは難しい。ウラノスの男根は、アキレウスのアキレス腱のような存在だったのかもしれない。こうして父親を殺したクロノスは、宇宙を治める王になったのだ。

王位を守るため我が子を次々と丸飲みにする

しかしここから話が複雑になる。妹のレアと結婚したクロノスだったが、生まれた子供を次々と飲み込んでしまうのだ。実はクロノスが父を殺したときに、「お前も父親と同じように息子に王位を奪われるだろう」と予言されていたためだ。ヘスティア、デメテル、ヘラ、ハデス、ポセイドンと次々に丸飲みしたクロノスに対し、6人目の子供を妊娠した妻のレアは「このままではいけない」と悩み始めた。次々と子供を作っては、生まれた子供を飲み込む。こんな猟奇的な行為をくりかえす夫に嫌気が差していった。

ちなみにこのときの様子はのちにゴヤ、ルーベンスなどによって絵画の題材にされている。「我が子を食らうサトゥルヌス」と名付けられた絵画だが、サトゥルヌスとはローマ神話でクロノスに相当する神。ゴヤ作のオリジナルではその猟奇性が特に光っており、子供を食べながらもクロノスの股間は凝固しているという描写がされている。後年、股間の部分には修正が加えられたが、いずれにしても異常な光景だ。

預言どおり、我が子に討たれることに

再三の子供丸飲みに耐えきれなくなったレアは母親ガイアに頼み、6人目の子供をクレタ島へと逃がし、クロノスには産着《うぶぎ》を着せた石を渡してごまかした。クロノスはそれを丸飲みしたが、石だとは気づかなかったらしい。クレタ島に逃げた子供はゼウスと名付けられ、順調に成長した。

成長したゼウスはクロノスを倒し、丸飲みされた兄姉を助けようと決意。飲むとひどい吐き気がする薬草をクロノスに飲ませたのだった。クロノスはまずはゼウスの代わりの石を、それから5人の兄姉を次々と吐き出し、見事兄姉の奪還を果たしたのだ。ゼウスが成長するまでの間、クロノスの体内で兄姉が無事だったのも少々不思議だが、「神というものは不思議なもの、仕方ないのだ」ということなのだろう。

この事件をきっかけにして、父クロノス率いるティタン神族と、子ゼウスが率いるオリンポス神族の間では「ティタノマキア」と呼ばれる大戦争が巻き起こる。壮絶な親子ゲンカが勃発したのだ。戦いは10年以上に及んだが、不死の存在である神同士、なかなか決着はつかなかった。

そこでガイアはゼウスたちに「ウラノスが冥界タルタロスに幽閉した巨人たちを救い出せば勝てる」と助言した。ゼウスらは彼らを解放し、巨人たちは助けてくれた見返りに強力な武器を提供した。妻と息子に嫌われたクロノスは一気に守勢に回ることとなる。

そして他の神々や一部のティタン神族の手助けもあり、なんとかゼウスらオリンポス神族は勝利を収めた。クロノスをはじめ、ティタン神族の多くはタルタロスに幽閉されることとなり、ゼウスがクロノスに代わって最高神の座を獲得。こうしてクロノスは過去の予言のとおり、息子に王位を奪われることになったのだ。

憎まれ役となった嵐の武神

セト

Profile

太陽神ラーが父といわれる風と嵐の神。古代エジプトで忌まわしい色だった赤に彩られた姿で描かれる。兄オシリス神を謀殺した悪神である一方、武神として崇拝を集めた時代も。砂嵐も彼の仕業で、砂漠をわたる商人や、砂漠を越えてくる異邦人らがセトに祈りを捧げた。

神話
エジプト
残酷度
★★★★★

長男になるために、母の腹を突き破って誕生！

いつの時代も兄弟の確執は尽きないもの。世界の神話でも兄弟の確執はよく描かれるテーマになっている。エジプト神話も例外でなく、太陽神ラー（→P42）と妻ヌトの間に生まれた兄オシリス神と弟セト神も、エジプトの支配をめぐり骨肉の争いを繰り広げた。

セトは古代エジプト人が不吉な色だと嫌った赤い髪に赤い目をした嵐の神である。頭部はツチブタをかたどり、ワニのように口先が細い異様な姿はいかにも悪者という雰囲気だ。そもそも、

生まれ方からして好戦的だ。セトとオシリスは双子であったが、セトはオシリスより早く生まれて長男の地位を得たかったので、「産道なんか通っていられるか！」と母の子宮と腹を破って出てきた。生まれる前から継承争いをするセトの野心。これが映画「エイリアン」の元ネタだと言われても納得の猟奇ぶりである。

そんなセトの努力もかなわず、結局オシリスが長男の地位を得た。オシリスには、エジプトのうち肥沃なデルタ地帯を含む下エジプトが与えられる。オシリスは豊穣と復活の神でもあり、小麦栽培で豊かさを享受《きょうじゅ》した。弟セトに与えられたのは上エジプトであった。そこは下エジプトとは違って、農業に適した土地が少なく気候も厳しい。元々、セトを信仰していた上エジプトの人々は、砂漠を通ってやってきた異民族であったという。セトの嫌われぶりを意訳すれば、それは古代エジプト人の異民族への憎しみであったのかもしれない。

また、セトはラーが乗る太陽の船の護衛役で、魔物退治も請け負った。平和な社会では邪魔なだけの荒くれ者……。そんなヤクザのような哀しい性《さが》も感じさせる。

血で血を洗う権力抗争の意外な決着

さて、下エジプトを得てどんどん豊かになっていくオシリスをセトは妬《ねた》んだ。そして、彼を謀殺する計画を立てる。ある時、オシリスの留守中にセトは「木棺《もっかん》にピッタリ入った者に褒美をやろう！」とゲームを持ちかけた。オシリスの廷臣《ていしん》たちは遊びに興じ、帰宅したオシリスも「なんだか楽しそうじゃないか」と参加する。さてオシリスが木棺に入ると見事にサイズが合った。元からオシリスに合わせてつくらせたものなのだから当然だ。オシリスが抵抗する間もなく、木棺のふたが閉められ、鉛《なまり》を流し込んだうえで、棺《ひつぎ》はナイル川に投げ捨てられたのである。

それを知ったオシリスの妻イシスは、オシリスを不死にするため魔術をかける。だが、今度はセトが棺を探し出し、棺の中の遺体をバラバラに切断した。イシスは遺体の破片を探したが、1か所だけ、魚に飲み込まれた男根だけを見つけられなかった。強い魔力でオシリスの身体をつなぎ合わせたものの、男根が足りないがためにオシリスは現世に留まれず、冥界の王になったという。

地上では、オシリスに代わり息子ホルスがセトと戦った。母イシスをはじめ、異母兄アヌビス神ら強力な加勢も加わる。セトは孤軍奮闘、胴を切断されてもよみがえり、80年にわたり戦ったが、最終的には敗れ去る。最後にホルスの片目をえぐり出し一矢報いるのが精いっぱいだった。

神話では敗北したセトに、歴史上で復権の機会がやってくる。紀元前1200年頃に登場したセティ1世の時代のことだ。その名も「セト神の君」というこのファラオは、当時国境を揺さぶっていた異民族を撃退し、エジプトの国威を回復した名君として君臨。セト信仰をも復活させたのであった。

祖父と戦う運命を課せられた神

ルー・ラヴァーダ

Profile

「輝くもの」を意味する光の神。ダーナ神族のディアン・ケヒトの息子キアンとフォーモール族のエスニエの間に生まれる。工芸、武術、音楽など全ての技能に優れ、百芸に通じる者という意味の「サウィルダーナハ」の異名を持つ。

神話　ケルト
残酷度　★★★

海に捨てられても生き残り出世

ケルト神話の偉大な英雄であり太陽神であるルー。その姿は類《たぐ》い稀《まれ》なるもので、光り輝く顔を持っていたとされる。彼の父であるキアンは医療神ディアン・ケヒト（→P192）の息子であり、母はフォーモール族の王バロールの娘エスニエだった。ダーナ神族とフォーモール族、敵対する者同士を両親に持つルーには、生まれながらにして数奇な宿命がつきまとっていたのである。

ある日、バロールは、孫によって殺されるという予言を受けた。そのため、娘エスニエをトオリィ島の塔に閉じ込めてしまった。バロールが塔に出入りしているのを見つけたキアンは、バロールが帰った後で塔に入ってみると、そこには美しい娘エスニエがいた。彼らはたちまち恋に落ち、やがて息子ルーが生まれた。

予言を恐れたバロールは、生まれた孫たちをアイルランド沖に捨て去ることを命じ、3人の子供は次々と暗い海へ叩き込まれた。そのうちたまたま生き残ったのがルーであった。拾われたルーは父キアンと再会し、海神マナナンに預けられる。マナナンはルーに「ドル・ドナ」(全知全能)と名付け、キアンに魔術と剣術に長けた戦士に育てることを約束すると姿を消した。

成長した彼は、自分の能力を売り込むため、神々の宴会へと向かった。神々は各々の能力を互いに披露し、大いに盛り上がっていた。そこで彼は「そのようなことをすべてひとりでこなせる方はいますか？」と尋ねた。首を傾げる神々の前でルーは百芸を披露。万能の力を持つ神として、神々の一員に迎えられた。

その頃、ダーナ神族はフォーモール族との戦いを控えていた。ルーは司令官となり目覚ましい活躍をするが、その前に現れたのが祖父バロールだった。彼の魔眼の威力は凄まじく、普段はその目を閉じているが、ひとたび開くと一瞬にして見つめた者の命を奪うというものだった。ルーとバロールはついに対峙し、ルーは投石機で石つぶてを放った。石はバロールの魔眼を突き破り、頭蓋骨からあふれ出た魔力がその場にいた多くの者に被害を与えたとされる。

敵にすると恐ろしい冷酷な気性の持ち主

祖父をためらいなく手にかけたルー。彼は味方にすると頼もしいが敵に回すと容赦しないという、かなり極端な性格だったようである。その性格が最もよく表れているのがケルト三大悲劇のひとつ「トゥレンの子供たち」だろう。

父キアンとトゥレンの三兄弟の間では確執があった。ある日、キアンはトゥレン三兄弟と偶然出会ってしまう。キアンと三兄弟は同じダーナ神族である。戦乱の世で内輪揉めをしている場合ではないと判断したキアンはブタに化けて、接触を避けようとした。しかし、長兄のブリアンは豚がキアンであることを看破。弟を犬に変身させるとキアンを襲わせて殺してしまったのだ。

ダーナ神族はフォーモール族との戦いを控えており、父キアンも貴重な戦力になることは間違いなかった。そこでルーは父親を殺した賠償に、三兄弟に魔法の宝を取ってこさせることにした。その宝は手に入れるためには命さえも失いかねない代物ばかりであったが、ルーは真実を言わずに、いかにも簡単そうな役目のように思わせて、三兄弟から誓約を取ったのである。

ケルトの戦士にとって名誉を賭けた誓約は絶対である。三兄弟は冒険に出発。数々の苦難に見舞われるが、勇敢な彼らは次々と宝を手に入れていく。これを面白く思わなかったルーは魔術で三兄弟を陥れ、魔法の宝を奪い去った挙げ句にさらなる絶望を加えた。

三兄弟に課せられた最後の試練は、キアンの師匠であるミドガンの息子たちが待つ丘に行くことだった。そこで待ち受けていたミドガンの息子たちは、ルーからキアンの死を聞いており、復讐の戦いを挑んでくる。無残にも切り刻まれた三兄弟は瀕死の体《てい》でルーのもとに戻ってきて、回復の魔力を持つ宝を貸してほしいと願い出る。しかしルーは拒絶した。

「黄金を積まれてもお前たちを助けるつもりはない。苦しんで死ね」

受けた行いは数倍返しの恐ろしい神。それがルーの本質なのだ。

忘れっぽい性格が身を滅ぼした
アーサー・ペンドラゴン

Profile

5世紀末から6世紀初頭にサクソン人の侵攻を退け、英雄となった人物。イングランド王ユーサー・ペンドラゴンとイグライネの間に生まれ、15歳で即位。魔法使いマーリンの助けを受けて、聖剣エクスカリバーと共に数々の武功を生み出した。

神話
ケルト
残酷度
★★

英雄のなんとも言えない出生

アーサー王とその円卓騎士団の物語はフランスを中心として中世ヨーロッパのほぼ全土で「アーサー王伝説」として親しまれた。しかし、唯一無二の英雄であるアーサーには近親相姦、不倫、残酷な因縁による運命が隠されている。

はるか昔の5世紀頃、アーサーの父であるイングランド王ユーサー・ペンドラゴンはある日、目が覚めるような美女イグライネに一目惚れをした。しかし彼女はユーサーの有力な支援者ゴル

ロイスの妻だった。なんとしてもイグライネを自分のものにしたいユーサーは昼も夜も戦いに身が入らない有様となった。恋煩《わずら》いである。このままだと王様が負けると判断した魔法使いマーリンは一計を案じ、魔法の力でユーサーをイグライネの夫に化けさせ、彼女と一夜を共にさせるように画策したのである。偉大な魔法使いと王様が仕組んだにしては卑劣な計略だが、非常時だったのだからある程度は仕方がないのだろう。

こうして生まれた息子がアーサーだった。アーサーは子供のころからマーリンに預けられ、エクター卿に育てられた。ある日、カンタベリーの教会に剣が刺さった石が出現した。剣には「我が名はエクスカリバー　正しき王への宝なり」と刻まれている。騎士や貴族、町の力自慢と誰もがこぞって抜こうとするがびくともしない。そこに偶然通りかかったのがアーサーである。馬上試合に行く途中だったアーサーは、うっかり剣を忘れてしまった。ちょうど教会の前に剣が刺さっている。アーサーは「これを借りよう」と思いつき手を掛けると、剣はあっさり抜けた。

これを知ったエクター卿はアーサーに出自の真実を告げ、アーサーはそのまま父の領土を全部継承しイングランドの王となった。少々安易ではあるが、それがエクスカリバーの力なのだ。

怒りに身を任せ、聖剣を折る

もちろん、そのあとは簡単にはいかない。多くの諸侯がこの年少の王を歓迎せず、アーサーの即位に反対して反乱を起こした。ロンドンは包囲され、アーサーは窮地に陥ってしまう。しかしアーサーはこれをマーリンの助言や忠臣たちの活躍によって解決し、国に平和をもたらした。首都キャメロットに居城を構えたアーサーは20歳の時に貴族の娘グィネビアと結婚する。巨人や悪党、そしてブリテンの所領を犯す者たちと戦い、領土を拡大していった。

そしてアーサーは各地の英雄を集め、城内には円卓をしつらえた。魔力が宿ったその円卓は、家臣が会議の時に着座し王であるアーサーと対等に語らうためのものだった。彼らは「円卓の騎士」と呼ばれ、12人の英雄はアーサーと共に国の発展を期した。

しかしある時、円卓の騎士のひとりであるペリノアとアーサーは争いを起こす。ペリノアがアーサーのお気に入りの部下に斬りかかられ、返り討ちにして殺してしまったのだ。アーサーは事情も聞かずに激しく怒り、エクスカリバーでペリノアに斬りかかった。すると大義を持たない戦いに魔力を持たなくなったエスクカリバーはポキリと折れてしまったのだ。激情のゆえの行動を聖剣は許さなかった。

困ったアーサーはマーリンの力を借りて湖に行き、再びエクスカリバーを得る。その時、マーリンは「剣と鞘《さや》、どちらが大事か」とアーサーに聞いた。アーサーは「当然、剣だろう」と答えたが、マーリンは「鞘のほうが大事に決まっている。鞘を絶対に手放すんじゃない」と告げた。

マーリンと言うとおり、この鞘は不思議な力を持っており、持つ者を不死身にする鞘であった。

こうして再びエクスカリバーを得たアーサーは、サクソン人との戦いでは470人を殺したという。いずれ劣らぬ円卓の騎士たちの活躍とマーリンの導きによって、イングランドはかつてない繁栄を手に入れる。その領土もアイルランド、アイスランド、ノルウェー、フランスにかけて着々と拡大していった。

部下の不倫によって栄光から破滅へ

アーサーの母であるイグライネには3人の娘がいた。アーサーは即位して間もないころ、異父姉にあたるモルゴースと関係を結んでしまう。こうして生まれたのがモードレッドだった。彼も円卓の騎士の一員となる。

その頃、アーサーや円卓の騎士に悪しき転機が訪れた。円卓の騎士の一員であるランスロット(→P104)がアーサーの妻グィネビアと不倫関係になってしまったのだ。これを知ったアーサー王は激怒し、ランスロットは逃亡。アーサー王は才気あふれるとはいえ、好色すぎるランスロットを騎士団に入れたことを後悔し、ランスロットを激しく罵倒。今までの功績もすべて無にし、徹底的にランスロットを追いつめようとする。しかし、ランスロットの人気は高く、円卓の騎士はランスロットの項で述べたとおり、2派に分かれて争うこととなった。

うっかり鞘を紛失し、我が子に引導を渡される

しかしここで不義の息子モードレッドが邪心を起こす。アーサーがランスロット討伐に出かけた際にグィネビアを略奪、監禁し、王位も奪ってしまうのだ。アーサーは討伐遠征を中断して帰国し、モードレッドを討とうとする。その戦いは熾烈を極めた。円卓の騎士は大勢が死に、アーサーも兜割りに遭うというものであった。一方でアーサーはエクスカリバーの鞘があるので不死身、と思いきや、アーサーはとっくに鞘を紛失していたのだった。マーリンの言葉を忠実に守っていれば、違う展開になったかもしれない。しかし、アーサーの鞘紛失というミスにより、不義の息子モードレッドと相討ちになり、瀕死の重傷を負った。そして円卓の騎士も瓦解することとなった。うっかり剣を忘れ、王になり、うっかり鞘を失くして王を降りる。アーサーの運命は「うっかりミス」によって動いたとも言えるだろう。

モードレッドを殺したものの、致命傷を負ったアーサーは世間から身を隠し、隠居生活を送った。アーサーは使いを出して、自身を導いた聖剣エクスカリバーを元の場所へ返した。使いの者が帰ってきたとき、アーサーはすでに姿を消していたという。

息子殺しのマッドドクター
ディアン・ケヒト

Profile

古代アイルランド語で「激しい力」を意味する。ケルト神話に登場する神。生命と医療、技術の神とされ、ダーナ神族の一柱。ルー・ラヴァーダの祖父でもある。脳や脊椎などが著しく損傷しない限り、治療できる力を持っていた。

神話
ケルト
残酷度
★★★

息子の技術に激しく嫉妬

ケルト神話に登場する医療神といえば、このディアン・ケヒトである。ディアンは治癒の力をもつ泉を呼び出す能力などを持ち、医療の面で多大な功績を残した。彼の医療に対する情熱は並々ならぬものだった。ただその情熱は燦々《さんさん》としたものではなく、湿気を帯びたものであり、どちらかと言えば彼は猟奇的な性格の持ち主であった。

当時、ダーナ神族の王であったヌァザはある時、激しい戦いで右腕を失ってしまった。その話を聞いたディアンは湿っぽい笑いを浮かべて、ヌァザのもとへ飛んでいった。ディアンはヌァザの傷口の寸法を測り、細工師のクレズネの仕事場に向かった。そしてディアンは測った寸法から、クレズネに銀の義手をつくらせた。

ディアンはクレズネからできあがった品を受け取ると、療養中のヌァザを訪ねた。ダーナ神族では代々、身体に欠陥があるものは高位に就けないという掟があり、王の座を降りたヌァザは意気消沈していた。そこにディアンは銀の義手を持って参上した。7年の間、少しずつ神経をつなげ、ヌァザの腕は元どおり動くようになった。しかし、結局のところは本来の腕ではない。ヌァザはディアンに感謝しつつも、どうしても主神の座に、王に返り咲きたいという野望を持っていた。そんな時、ディアンの前に現れたのが、ディアンの息子ミアハだった。父と同じく医療に長けたミアハは銀の義手を外し、掘り起こしたヌァザの腕を傷口にあてがった。そして「元どおりになれ」と唱えると、その言葉のとおり腕は元どおりにつながった。

本来の身体を取り戻し、王の座に復帰したヌァザ。しかし、それを面白く思わないのはディアンだった。息子の手柄を喜ぼうともせず、自分より優れた息子に激しく嫉妬。ミアハを滅多刺しにして無残にも殺してしまった。さらにミアハの妹がそれを悼《いた》み、蘇生の薬を作ろうとしたところ、ディアンは薬草が載ったマントをひっくり返し、台無しにしてしまった。父親という立場よりも医者としてのプライドを取ったディアン。いつの時代も理系の嫉妬は根深いものなのだ。

アグニ

聖なる火で不浄を焼く火と食の神

Profile

火を神格化したインド神話の神。紀元前のインド＝ヨーロッパ語族の文化で炉の火が神聖視され、供物を焼くようになったのが起源とされる。よく燃えるので、動物の脂肪が多く捧げられた。仏教にも転じて火天となった。残虐さと恩恵の両面をもたらす。

神話
インド
残酷度
★★

親をも焼き尽くす残虐性と浄化の二面性

現代を生きるわれわれが無意識のうちに聖火をありがたがるように、古代インドでも火は重要な自然現象であり、アグニは火を恐れと崇拝の念を込めて神格化した神だった。聖典『リグ・ヴェーダ』が編纂《へんさん》された時代には信仰の中心的な存在。同聖典の3分の1を占めるインドラ神に次いで、5分の1ほどもアグニへの讃歌が記されている。

アグニの重要な役割のひとつは、祭事で不浄を焼くという側面だ。死者を焼いて浄化したり、供物（くもつ）を焼いて煙にし、天に届けたりするので、火とは人と神を仲介する存在だと考えられていたのだ。また、大地を焼き払えばその地を次の居住者が住める場所にすることもできた。こうした火の力はシヴァ神の力にも転用され、アスラとの戦いでシヴァが使った武器にアグニの力が込められていると描かれた場面もある。

その姿は黄金の顎《あご》と歯、炎の髪、ふたつの顔、7枚の舌を持っている。そんなにたくさんの舌を何に使うかといえば、火にくべられた供物を味わうためだそうだ。特にグリタ（バターオイルの一種）が大好物。とある仙人がアグニを恨んで、「二度とグリタが食べられないように呪ってやろうぞ！」と言ったとき、アグニは「私が食べることによってはじめて神々やあなたの先祖への供物となるのに、よくも言えたものだ」と反論したほど。一説では、これを聞いた仙人が自分の発言を反省し、「アグニ神に捧げられた供物はすべて浄化されるべし」と祈ったことから、アグニの火が浄化の能力を持つようになったという。

アグニの出自には諸説あり、ブラフマーの蓮華《れんげ》から誕生したとする説や、太陽から生まれたとする説などがある。また、火の残虐性を表す一説として、誕生後すぐに両親を食い殺し、火葬にしたともされている。そんな恐ろしさを持つ反面、かまどの神様としてキッチンにもいると信じられてきた。アグニに祈りながら料理をすれば、美味しくなると信じられてきたのだ。もちろん、バターを加えることを忘れずに。

兄をバラバラに引き裂いた暴れ神
ヤマトタケルノミコト

Profile

第12代景行天皇の子、幼名はオウスノミコト。武勇に秀でているものの気性が激しく、兄を殺害してしまったため父親からは疎まれていた。美少女に化けてクマソタケルを殺したクマソ討伐や東国平定で知られ、ヒーロー的な逸話も多く残っている。

神話
日本
残酷度
★★★

英雄の知られざる過去

スサノオ（↓P48）が乱暴者から英雄へと華麗な転身を遂げたように、ヤマトタケルもまた同じような転身を遂げたヒーローだ。九州地方のクマソを討伐したり、東国を平定したり、英雄として祀られるヤマトタケルだが、彼の前半生はかなり猟奇的で粗暴極まりない人物として描かれている。

ヤマトタケルは当時、オウスノミコトと呼ばれており、オオウスノミコトという兄がいた。父親は兄に「美濃の国にいるエヒメとオトヒメという美女を召し出してきてくれ」と頼んだ。命令通りに美濃へと向かった兄だが、美女に心奪われ「父に渡すのはもったいない。なんとか自分のものにできないか」と考えるようになった。悩んだ末に思いついたのは、なんと替え玉作戦。別人を父に渡し、本物のふたりは自分の妻にしてしまったのだ。

偽物のエヒメとオトヒメを見た父は「それほど美人じゃないな、噂と違うじゃないか」とふたりを美濃に返してしまった。兄の思うツボになりかけたが、そううまくは運ばない。父親に告げ口をした者がいて、替え玉作戦の悪事が露見してしまった。兄は父にどんな顔をして会えばいいのかわからなくなり、朝夕の食事にも同席せず、大事な儀式にも欠席するようになった。

父親はヤマトタケルに「食事の席に出てくるように説得してきてくれ」と頼み、ヤマトタケルはその頼みを聞き入れ、兄のところに出かけていった。しかし5日たっても兄は現れない。不思議に思った父はヤマトタケルに「ちゃんと話をしたのか」と質問した。「もちろんです」と言うので、「ではどのように話をしたのか」と聞くと、ヤマトタケルは平然とした顔で、「夜明けに兄がトイレに入ったとき、待ち構えて捕まえ、手足をもぎ取ってむしろに包んで投げ捨てました」と答えた。この言葉を聞いた父は驚き、「こんな猟奇的な息子を近くに置きたくない」とクマソ討伐を命じ、ヤマトタケルを遠くへと行かせた。自らの兄をバラバラにする猟奇的な神、彼がのちにヒーローになるとは誰も想像しなかっただろう。

イヌイットの始祖となった海の女王
セドナ

Profile

北米の極北地方、特にカナダのイヌイットなどの先住民族が崇拝した海の女神。イヌイットは自分たちの祖先として彼女を崇めた。また海の生物を束ねる彼女に祈りを捧げて漁業の成功や安全を祈願した。その姿は巨大で醜く、老婆のようだともいわれる。

神話
イヌイット
残酷度
★★

父に振り回され犬の妻になった娘の哀れな末路

海の守護者であり、同時に海で亡くなる人々を連れていくことから冥界の支配者ともされる海の女王セドナ。信仰したのは北米極北地方の先住民たち。アザラシなどの海の生物を生活の糧としていた彼らは、セドナに大漁祈願や航海の安全をお祈りしたそうだ。

イヌイットの古い神話では、かつて地上には人間よりも古い種族が住んでいたという。セドナはその娘のひとりで、若かりしころは美しく、多くの求婚者がいた。だが、セドナは「誰とも結婚したくありません」と宣言した。なぜ独身宣言をしたのかについては諸説あり、理由は定かではない。とにかく、彼女が結婚しないと言ったために、とんでもないトラブルが起こることとなる。セドナの発言に怒ったのが、彼女の父親だった。父親は罰としてセドナを犬に与え、その妻とさせてしまったのだ。かくしてセドナと犬との新婚生活がスタート。どうやら夫婦仲は悪くなかったらしく、彼女は犬の子供を何人か生んだ。そんなある日、セドナの前にハンサムな若い男が現れる。「毛皮をあげましょう。苦労はさせません」などと言って男はセドナを略奪。セドナのほうもまんざらではなかったのであった。

ところが、男についていってみたら、実はアホウドリが化けた姿だったことがわかった。アホウドリに比べたら犬のほうがまだマシである。セドナは閉じ込められていた島からなんとか逃げ出そうと考えていた。その頃、父親もセドナを連れ戻そうと船を出しており、無事にセドナのもとにたどりついた。父と娘が島から逃げていると、大嵐に遭遇した。父はあの男がセドナを取り戻そうとして嵐を起こしたのだと思い、彼女を船から突き落とす。必死に船べりにしがみつくセドナだが、父親は彼女の指を櫂《かい》で打ってつぶした。力尽きたセドナは犬と共に海に沈んでいった。海底に沈んだセドナは、石や鯨の骨を集めて家をつくり、海底で暮らすようになった。その身体は魚のように変化し醜くなっていったが、彼女は海の支配者として君臨することになったのだ。

地上に残されたセドナの子供たちは島々をわたり、イヌイットの祖先になったという。

勇敢な騎士と神が織りなす世界

ケルト神話の示す「ケルト」の存在とは？

ケルト神話は、古代のヨーロッパ大陸に住んでいたケルト人に信じられていた神々が登場する、多神教の神話である。だがその多くは現存せず、現在まで伝承が残っているのは、特に「島のケルト」と呼ばれる、ブリテン諸島に住んでいた人々の神話である。そのため、本書ではブリテン諸島に伝わっていた神話のことをケルト神話と呼ぶ。

ケルト神話の紹介の前に、ケルト人とはどんな人間だったのかを少し解説したい。ケルト人は、古代ヨーロッパ各地に社会を築いていた人々であった。戦士階級のほかに、宗教を司るドルイドたちが社会全体に大きな影響力を持っていたと言われているが、文字史料が残っていないために不明な点が多い。

しかし、紀元前1世紀ごろになると、ケルト人の多くは他民族の支配下に入った。ユリウス・カエサルが現在のフランス周辺のガリア地方を征服すると、ガリアのケルト人はローマ帝国の影響を受けるようになった。

ケルト人の特徴として、よくその独特の来世観が挙げられる。ケルト人は霊魂の不滅と輪廻転生を信じていた。来世は楽園のような島であると考えられ、ケルトの戦士たちは死を恐れることなく戦ったと言われている。

創世神話の代わりとなる 5つの部族の来寇神話

ケルト神話には、明確な創造神話が現存していない。そのかわりに、アイルランド島には神々の部族が立て続けに島に侵攻してきたという独特の来寇神話が残っている。

最初にアイルランド島にやってきた部族は、ヴァン族だった。ヴァン族は洪水によって滅び、その次にパルホロン族がやってきたが、彼らも伝染病で全滅した。ネヴェズ族、フィル・ヴァルヴ族が訪れて島を開拓したあと、トゥアハ・デ・ダナン族が島を征服した。

このトゥアハ・デ・ダナン族（ダーナ女神の一族）こそが、ケルト神話の神々にあたる存在である。彼らは魔法の力を持ち、フォーモール族と呼ばれる巨人と華々しく戦った。

だが、このトゥアハ・デ・ダナンも、今のアイルランド人の祖先に当たるミレー族に侵略されてアイルランドから逃げ出した。彼らは妖精に変身し、常若《とこわか》（不老不死）の国である異界へと逃れていったという。

アルスター伝説と フィアナ騎士団伝説

トゥアハ・デ・ダナンが去ったとされるあとも、伝説は続く。アルスター伝説は、トゥアハ・デ・ダナンの一員である光の神ルーの息子クー・フーリンを主人公とする伝説群であり、クー・フーリンの生涯やアルスター王国と他の国々との戦争を描いている。

また、その300年後の世界を舞台にしているのが、フィアナ騎士団の伝説群と呼ばれる、アイルランドの王コーマック・マック・アートに仕えたフィアナ騎士団長フィン・マックールを中心にした物語である。ヌァザの孫娘を母に持つ金髪のフィン・マックール以下、フィンの息子で、常若の楽園に3年住んでいるうちに地上では300年の時が流れていたというオシーン、騎士団最強にして美男子のディルムッドなど、多彩な騎士たちが活躍する。

ケルト世界に影響を与えた フィアナ騎士団伝説

とりわけ、フィアナ騎士団の伝説はのちのアーサー王伝説の円卓の騎士や、叙勲詩『ローランの歌』の12勇士の原型であると言われている。父を殺された若者フィンが難題を解決して騎士団長の座に就き、多彩な騎士たちを率いて騎士団の最盛期を築き上げるものの、老いたフィンと若い妻、そして美貌の騎士ディルムッドの三角関係により騎士団そのものにも亀裂が生じる、という物語は、どこかで見覚えがあるのではないだろうか。そう、アーサー王と王妃グィネビア、そしてランスロットの物語とよく似ているのだ。アーサー王伝説は、これらケルトの神話伝承を下敷きにして成立したのである。

アーサー王伝説と ケルト神話の関係

アーサー王伝説は、中世後期に完成し、トマス・マロリーらによって編纂された騎士道物語群である。その物語は騎士道的な価値観とキリスト教モチーフに彩られてはいるものの、注意深く見ればその下にケルト的な物語の特徴を備えている。

アーサー王伝説は、主に4つの物語群に分けられる。1つ目はアーサー王の誕生から即位まで、2つ目が円卓の騎士達の物語、3つ目がキリストの血をうけたとされる聖杯を探索する物語、そして4つ目がランスロットとグィネビアの不倫から始まる、王国の崩壊とアーサー王の死を巡る物語である。

アーサー王の原型となった人物が実際に存在したかどうかは謎である。だが、古くは5世紀頃ブリテン島に住んでいたローマ化したケルト人を率いて、サクソン人の侵攻を撃退した人物が元になっていると考えられていた。

アーサー王は外敵の侵入からローマン・ケルト人のブリテン島を守った英雄なのである。

各地に派生した アーサー王伝説

アーサー王の名前は、ウェールズ神話の『マビノギオン』にも登場している。

ここではアーサーの名前はアルスル王となっているが、この伝説群は騎士道物語になる以前の、古い段階のアーサー王伝説ではないかとされる。この伝説群の中には、聖杯探索の原型と考えられる「アンヌンの略奪」などの伝説や、のちの円卓の騎士たちに共通する人名が出現している。

また、騎士道物語であるアーサー王物語の中にも、ケルトの伝承の名残は見いだせる。老人と若い男女という三角関係は、アーサー王と王妃グィネビアと騎士ランスロット、トリスタンとイゾルテなど各所に見られるほか、超人的な騎士の集団はアルスター伝説やフィアナ騎士団伝説にも共通の特徴である。ケルト神話とアーサー王伝説の直接の関係は明確ではないが、確実にその系譜を引いていると言えよう。

人間が神のしくじりに過ぎないのか、
神が人間のしくじりに過ぎないのか。

ニーチェ『曙光』より

第五章
残酷な運命に弄ばれた神々

人知を超えた存在でありながら、
じつに人間くさい神々。
彼らは人間と同じように悲運を嘆き、
何者かを恨むのである。
運命に翻弄された
神らしからぬ神々の物語。

悪知恵ウサギと気まぐれな神々
因幡《いなば》の白ウサギ

Profile

『先代旧事本紀』に記された白ウサギ。隠岐から海を渡り、オオクニヌシたちと出会う。「イナバ」の位置は定かでないが、隠岐、出雲という地名から鳥取県の因幡と推定される。オオクニヌシに救われた際、不思議な予言を残しているが、正体などの詳細は不明。

神話
日本
残酷度
★

国を造ったオオクニヌシの可哀想な過去

意地悪な兄たちが失敗し、しいたげられていた心優しい末の息子が成功するというエピソードは世界中に存在する。謎のウサギをオオクニヌシが助ける「因幡の白ウサギ」も、末弟が兄を差し置いて成功する話だ。

八十神《やそがみ》という大勢の兄弟がいた。神々というと神妙であるが、この兄たちは気まぐれで、今でいう「いじめっ子」のようなところがあった。一方、オオクニヌシという名の末弟は心優しく、

さらに容姿もいい。当然、兄たちは弟をいじめるが、本人はお人好しなのでされるがまま。

ある日、八十神たちは、「因幡国にヤガミヒメという美女がいる」という噂を聞き、全員で求婚するために旅立った。オオクニヌシは兄の荷物持ちとして連れて行かれた。重い荷物を抱えてフラフラになったオオクニヌシは身軽な兄たちにどんどん離され、次第にひとり旅になっていった。

その頃、隠岐《おき》の島に1匹の白ウサギがいた。ウサギは本土に渡りたいと考え、名案を思いついた。海に住むワニをだまして、対岸までの橋にしてやろうというものだ。ウサギはワニに、「お前と私、どっちの仲間が多いか比べないか?」と持ちかけた。ワニは承知し、たくさんの仲間を集めてきた。ウサギは「数えるから1列に並べ」と言い、対岸に向かって1列にワニを並ばせ、背中を移動しながら数を数えていった。ウサギの策略通り、ワニの列は対岸までまっすぐ続いた。

いよいよ渡り終えようとしたとき、嬉しくなったウサギは最後の1匹の上で「やーい、だまされたな」と口走ってしまったのだ。ワニたちは怒ってウサギに襲いかかり、ウサギの毛をむしって丸裸にしてしまった。しかし凶暴な相手をだましたうえに馬鹿にして、毛をむしられる程度ですむとは、不幸中の幸いというものだろう。

日本初の医療行為がウサギを救う

しかし白ウサギの不幸はこれだけではすまない。そこに登場したのがオオクニヌシの兄たち御一行であった。ウサギが「痛い、痛い」と泣いているのを見た八十神は、「海水を浴びて、高い山の風に吹かれて乾かせば治る」と教えてやった。海水といえば塩分がたっぷり。傷口に塩を塗るとはまさにこのことだが、神々を信じたウサギは助言どおりに海水を浴び、冷たい風でよく乾かした。すると皮膚が裂けて傷だらけになり、痛みはさらに激しくなった。ワニをだました罰というわけではなく、八十神は気まぐれにウサギにウソを教えたのであった。

どうしていいのかわからずウサギが泣いていると、遅れていたオオクニヌシが通りかかった。事の次第を聞いたオオクニヌシは、「河口に行って水で身体をよく洗ってからガマの穂の粉をしき、その上に寝ころべばよくなるよ」と優しく教えた。教えたとおりにすると、あっという間にウサギのケガはよくなった。ガマは漢方にも用いられ、河口の水は生理食塩水に成分が似ているなど、一応の根拠があるオオクニヌシのアドバイスは「日本初の医療行為」だとされる。

回復したウサギは突然予言を始める。「八十神たちはヤガミヒメに結婚を断られます。選ばれるのはあなたです!」と言うのだ。その予言通り、ヤガミヒメは兄たちの求婚を断り、遅れてやってきたオオクニヌシに一目惚れして、ふたりは結婚したという。ウサギを助けたことと関係あるのか、ウサギのお世辞が偶然にも当たったのかは不明だが、優しい者には幸福が来《きた》るということだろう。

見てはいけないものを見てしまった

モモソヒメ

Profile

『日本書紀』の記述によると孝霊天皇の皇女とされる。漢字では「倭《やまと》迹迹《とと》日百襲《ひももそ》媛命《ひめのみこと》」と書き、大和の「鳥飛び」に由来する。魂が鳥のように飛んでいくという意味であり、巫女、イタコとしての役割も持っていた。紀元前92年に災害が続く原因を占って解決したとされる。

神話
日本
残酷度
★★

「見るなのタブー」を犯し、壮絶な最期を遂げる

世界各地の神話には「見てはいけないものを見てしまったが故の悲劇」という典型が散見される。学術の世界ではこれを「見るなのタブー」と呼び、研究の対象になるほど、そういったストーリーは伝承の中に存在してきたのだ。日本神話も例外ではなく、イザナミ（↓P152）とイザナギの黄泉での話もそのひとつだ。もっと身近なところでは、鶴の恩返しや浦島太郎もこれと当てはまるだろう。日本神話に登場するモモソヒメもまたタブーを犯し、壮絶な最期を遂げた。

第7代天皇である孝霊天皇の皇女として生まれたモモソヒメ。『日本書紀』によると、神々を自分の身体に引き入れる、イタコのような能力を持っていたとされる。ある時、当時の天皇に頼まれ、天変地異が続く理由を占った。するとモモソヒメの魂は身体から離脱。三輪山《みわやま》の神であるオオモノヌシが彼女に憑依し、「我を祀れば災いは消える」と言った。一同が三輪山の大神神社を手厚く保護すると、災害はなくなり平和な世の中になったという。

そんな縁もあってか、オオモノヌシはモモソヒメを気に入ったようだ。オオモノヌシは人間の姿になり、毎晩のように彼女のもとを訪れては関係を持った。モモソヒメはその男性にメロメロであったが、オオモノヌシであることを知る由もない。さらに夜が明ける前に帰ってしまうため、モモソヒメは相手の顔も知らなかったのだ。

ある日、モモソヒメは「朝までここにいて、顔を見せてください」とオオモノヌシにお願いする。オオモノヌシも最初は断っていたものの、モモソヒメがあまりに強く頼むので断りきれずにこう告げた。「夜が明けたらこの箱を開けてください。絶対に驚いてはいけません」。

翌朝、モモソヒメは胸の高鳴りを押さえながら、箱に手をかけた。箱を開けて中を見ると、そこには小さな蛇が1匹、ニョロニョロと這っていたのだ。驚いたモモソヒメは蛇と関係を持ったことを恥じて、箸を自分の陰部に突き刺して死んでしまった。彼女の墓は現在も奈良県桜井市に残る。その陵墓は3世紀の築造から現在まで「箸墓《はしはか》古墳」と呼ばれている。

嫉妬と暴力にまみれた半神半人
ヘラクレス

Profile

ゼウスとゴルゴン退治を行ったペルセウスの孫アルクメネとの間に生まれた。「12の難題」と称される冒険に挑み、ギリシャ神話に登場する半神半人の英雄たちの中で、最も偉大な勇者とされる。ヘラクレスの活躍の陰には、常にヘラの嫉妬が存在していた。

神話
ギリシャ
残酷度
★★

女神ヘラに恨まれし英雄の数奇な生涯

ギリシャ神話最高の英雄、ヘラクレス。父であるゼウスに溺愛されたがために波乱に満ちた生涯を歩むことになる。ヘラクレスは、ペルセウスの孫アルクメネと主神ゼウス（↓P76）の子として生まれた。美女と誉《ほま》れ高いアルクメネには、アムピトリュオンという婚約者がいたために、彼女を見初めたゼウスに対しても決してなびくことはなかった。しかし、そこは色好みのゼウス。またとんでもない方法を実行してしまう。婚約者アムピトリュオンに身を変えてアルクメネに近づいたのだ。アルクメネも気付きそうなものだが、結局は最高神ゼウスの完璧な変身を見抜くことができず、寝所を共にしてしまうのだった。翌日、アルクメネは遠征から帰ってきた本物のアムピトリュオンとも結ばれる。そうして生まれたのが、神の子ヘラクレスと人の子イピクレスの双子であった。つまり父親が違う二卵性双生児ということになる。

ゼウスには他にもたくさん子どもがいたが、アルクメネが生んだ子だけを特にかわいがった。それが正妻ヘラ（↓P132）の怒りを買ってしまう。愛人の子をかわいがって正妻が怒るのは当然だろう。しかも、ヘラクレスに不死の力を与えようとして、眠っているヘラの乳を吸わせたのだ。神の乳を飲めば、我が子も不死身になるだろうと考えたのだが、よりによってそれをヘラの乳ですませてしまったのである。ヘラにしてみれば憎き愛人の子、しかもヘラクレスが乳を吸う力は強く、痛みで悲鳴を上げるほどだった。一説には乳首を噛み切られたともいう。ヘラは容赦なく赤ん坊を突き飛ばした。ちなみに、このとき飛び散った乳が天の川になったという。

そうした経緯もあって、ヘラはヘラクレスのことが大っ嫌いになってしまう。ヘラはヘラクレスを始末しようと、ひそかに2匹の蛇を双子が寝ている揺りかごに放った。赤ん坊相手に容赦ない仕打ちだが、なんとヘラクレスは素手で蛇を絞め殺してしまったという。

ちなみに「ヘラクレス」とは、「ヘラの栄光」という意味であり、まさにヘラクレスの人生はヘラの恨みそのもの。このふたりの因縁は今後も長く続いていくのである。

剛勇無双のたくましい青年へと成長したヘラクレスはある時、義父アムピトリュオンが属するテバイを助けてオルコメノスの軍と戦い、手柄をあげた。これを喜んだテバイ王は娘メガラを妻として与え、やがて3人の子供が生まれた。幸せな家庭を築くヘラクレス。ところが、このことを許すまじ、と嫉妬に狂う神がいた。もちろん、ヘラである。ヘラに吹き込まれた狂気の影響でヘラクレスは我が子を殺してしまい、悲しんだ妻は自殺した。正気に戻ったヘラクレスは、罪を償うためにアポロンの神託を伺う。神託は「ミュケナイ王エウリュステウスの奴隷として仕え、命じられる10の務めを果たせ」というものであった。当初は「10の務め」であったが、失敗もあったため結局12個。ヘラクレスは「12の難題」へ挑み、罪を償う道を選んだ。

英雄を死に追いやった女の嫉妬《しっと》

命じられたのは、刃物を通さない「ネメアの獅子」退治、エリュマントス山に住む人喰い猪退治、アルテミスの飼う「ケリュネイアの鹿」の生け捕り、9つの頭を持つ毒蛇「ヒュドラ」退治など、なぜか怪物に関することばかりだった。中にはあまり罪のなさそうな怪物もいたが、ヘラクレスはとにかく怪物を打ちのめしていった。命じられたままに、各地の動物たちを退治して回るヘラクレス。体育会系の男だったことに間違いなさそうだ。

動物いじめさながらの難業を成し遂げたヘラクレスだが、その後もさまざまな旅に出る。時折狂気の発作を起こして周りの人々を殺したり、神々と巨人族との戦い（ギガントマキア）で奮闘したり、ポセイドンの子アンタイオスと相撲で勝負して絞め殺したり。とにかくヘラクレスの冒険は、筋肉がぶつかり合うような戦いばかりで、ギリシャ神話の中でも特に男臭さと血生臭さに満ちあふれていた。

そんな波瀾万丈のヘラクレスの人生は、意外にもあっけない幕切れを迎える。デイアネイラという美人と再婚したヘラクレスだったが、あるとき、ネッソスという名のケンタウロスがディアネイラを口説こうとした。怒り狂ったヘラクレスは、猛毒であるヒュドラの血を塗った矢でネッソスを撃ち殺した。しかしヘラクレスは一途ではなかった。ある日、ヘラクレスは他国から美しい愛人を連れて帰ってきた。嫉妬に狂ったデイアネイラは、ネッソスが息絶えようとした時に「媚薬だ」と手渡してきた液体に浸した服をヘラクレスに贈る。しかし、その液体はネッソスの血であったのだ。ネッソスの血に残留していたヒュドラの猛毒で、ヘラクレスの身体は焼けただれ始めた。事態にようやく気付いたデイアネイラは、自身の罪に苦しんで自害。不死の身体を持つヘラクレスは死ぬに死ねず、ただのた打ちまわるばかり。苦しみの中、ヘラクレスは神託に従い、自ら組んだ火葬壇に横たわり、やがて炎の中で燃え尽きていった。女の嫉妬によって人生を歩み始めたヘラクレスは、女の嫉妬によってその生涯を終えたのであった。

ひとたび怒れば大惨事！

クー・フーリン

Profile

ケルト神話に登場する半神半人の英雄。父は光の神ルー、母はアルスター王の娘デヒテラ。普段は美少年の風貌だが、戦いになると怪物に変身する。その力は凄まじく、単身で100人単位の敵を相手にすることもたやすかった。

神話

ケルト

残酷度

★★★

醜悪な戦闘形態を持つ最強の英雄

数々の英雄が登場するケルト神話の中でも、抜群な力を有し、最強とも称されるのがクー・フーリンだ。太陽神であり、光の神でもあるルーを父親に持つ彼は半神半人の存在であった。その境界はわかりやすく、普段はきらびやかな装飾をつけた美少年であるが、ひとたび怒りの導火線に火がつくとブルブルと震えだして怪物に変身。額から光線を放ち、顔には大小無数の目が生じ、頬には虹色の筋が浮き上がる。髪の毛を逆立て火花を散らし、地をも揺るがす唸り声をあげ

るのだった。その姿は恐怖そのもの。さらにただ暴れまわるだけではなく、爆発的なパワーと精密な技術で敵を仕留める。戦闘にかけては彼の右に出るものは皆無であった。

クー・フーリンは幼少期から、戦いの才覚を見せていた。彼がまだセタンタという名であった幼少期、昼になってもなかなか起きないセタンタを見かねて、側用人《そばようにん》が起こしに行った。寝起きが悪いセタンタは執拗に起こそうとする側用人にパンチをお見舞い。大人ならば性質《たち》が悪いが、セタンタは年端も行かぬ少年、可愛いものである。と思いきや、セタンタがあまりにも強く殴ったので、側用人の頭は弾け散ってしまったという。それ以来、セタンタの睡眠を邪魔する者はいなくなった。

天性の武人セタンタ伝説はまだまだ留まると

ころを知らない。

セタンタが7歳の時、母方の祖父であるコノア王は鍛冶職人クランの館に招かれた。コノア王は孫のセタンタに「一緒に行かんか」と声をかけたが、セタンタは友達とハーリングの試合をしていた。ハーリングとはグランドホッケーのようなスポーツで、馬鹿力のセタンタが死者を出さずにプレーできたかどうかは不明だが、とにかくプレーに夢中の彼は「じいちゃん、試合が終わったら行くよ」と言い、ハーリングを続けた。

館で接待を受けるコノア王だったが、酒が回ってきたころ、大切なことに気がついた。クランの館の近くには、「クランの番犬」と呼ばれる凶暴な猛犬が放たれていたのだ。その獰猛さは1匹で100人を殺すと言われ、軍隊さえも敷地を避けて通るほどだった。自分が来ることは事前に告げてあったので、番犬は大人しいものだったが、セタンタが来るとは伝えていない。コノア王はオタオタとうろたえたが、その時、外から悲鳴が聞こえた。コノア王が扉を割らんばかりの勢いで外に飛び出すと、そこには血まみれの犬を引きずりまわすセタンタの姿があった。

コノア王とクランは彼の強靭さに度肝を抜かれたが、同時にクランは愛犬の死を悼《いた》んだ。セタンタはクランに謝り、「自分が代わりにこの館を守る」と宣言。「決して犬の肉を食べない」「弱者の願いを断らない」というゲッシュ（呪い）を自らにかけ、このことからセタンタは「クランの番犬」を意味するクー・フーリンと呼ばれることとなる。

ますます手がつけられなくなった怪物、その最期とは

クー・フーリンも年頃になり、エメルという娘に恋をした。彼はエメルと結婚しようとするが、エメルの父親フォルガルは結婚を認めなかった。しかしフォルガルは「影の国で修行すれば、考えなくもない」と彼に告げた。影の国に行く道は険しく、途中で命を落とすだろうとフォルガルは考えたのだ。もちろん、クー・フーリンにはたやすいことであった。彼は影の国に住むスカアハのもとで修行をし、さらにゲイ・ボルグという雷の槍を手に入れて帰ってきた。フォルガルはなおも結婚をはぐらかしたが、クー・フーリンの睨《にら》みに負け、エメルを差し出すのであった。

クー・フーリンは戦場に出ては暴れまくった。ときには一撃で100人以上を殺し、コノート王国の軍勢をひとりで壊滅させたこともあった。最強戦士を前にもはや敵う者はいないと思われた。しかしどこから聞きつけたのか、コノートの女王メイヴがクー・フーリンのゲッシュを知ってしまう。メイヴは「弱者」である老婆をクー・フーリンのもとへ遣わせ、犬肉を食べさせた。彼は老婆の異様な雰囲気に気付いていたがゲッシュは絶対である。彼はそれを食べ、左半身が麻痺してしまう。さらに詩人がゲイ・ボルグを渡すように言った。当時、詩人の言葉もまた戦士にとって絶対であった。彼は詩人に従い武器を渡し、それに貫かれて死んでしまうのであった。

羿《げい》

妻と弟子に裏切られた弓の達人

神話
中国
残酷度
★★

Profile

中国神話に登場する英雄。弓の達人として知られる。創世神話のあとの「五帝」の時代に活躍。堯《ぎょう》の時代に黄帝に派遣され、太陽を射落とす。しかし天帝に嫌われて天界に帰れなくなり、人間と同じ身体になってしまい、悲惨な運命にさらされる。

太陽を射落とした英雄

五帝が地上を治めた時代、太陽が生まれた。これには諸説あるが、天帝が妻との間に10羽の三足烏を生んだとされる。その三足烏が火をまとい、空へ昇って太陽になったという。10の太陽は交代で1日ずつ、地上を照らしていた。しかし、10の太陽は次第にその単純な毎日に飽きてきた。堯《ぎょう》の治世になると、なんとすべての太陽が天に居座ってしまった。地は干からび、水は涸れ、地上は灼熱の世界と化してしまった。

そこで堯は天に昇った黄帝に願い、弓の達人である羿《げい》を派遣してもらった。羿は最初、10の太陽をかすめるように矢を放ち、太陽たちを威嚇した。しかし、太陽たちはケラケラ笑って、一段と強い日差しで地上を焼いた。それを見た羿は怒り、9つの太陽を見事射落とした。

こうして世界は救われたが、これを快く思わなかったのが天帝である。いたずらが過ぎたとはいえ、息子たちを殺された天帝は怒った。天帝は羿とその妻である嫦娥《こうが》を天界から追放し、神籍を奪ってしまったのだ。神から人間になること、それは不老不死ではなくなるということだった。嫦娥は「あんたの無駄な正義感のせいよ！」とわめき散らした。羿はそれをなだめて、崑崙山《こんろんさん》に出向き、仙女の西王母《せいおうぼ》から不老不死の薬をもらった。しかし、この薬はふたりで飲めばふたりともが不老不死になれるが、ひとりで飲み干せば神になれるというものだった。嫦娥は当然のように薬を引ったくり一気に飲み干した。嫦娥は天に飛び立ち、羿はひとりになってしまった。

しかし、欲のない羿はのんびりと人間生活を送った。釣りや狩りをして毎日を過ごしているうちに羿の弓の腕は評判となり、逢蒙《ほうもう》という若者が羿に弟子入りした。逢蒙は野心家で、羿の技を全て習得し、やがて「こいつを殺せば俺が天下一の弓使いだ」と考えるようになる。隙を見ては師匠に弓を射る逢蒙だったが、羿は向かって来る矢を自らの矢で落として、「ホッホッホ、まだまだじゃの」と上機嫌。しかし、逢蒙は本気で羿の殺害を考えており、羿は棍棒で殴られて死んでしまった。妻といい、弟子といい、羿は人の悪意を見抜けない「お人好し」だったのである。

●参考文献

『アスガルドの秘密』ヴァルター・ハンゼン著／小林俊明・金井英一訳（東海大学出版会）
『インド神話　マハーバーラタの神々』上村勝彦著（ちくま学芸文庫）
『オコンネル教授と『死者の書』のひみつ』近藤二郎監修（ポプラ社）
『面白いほどよくわかるギリシャ神話』吉田敦彦著（日本文芸社）
『カラー版徹底図説　古事記・日本書紀』榎本秋著（新星出版社）
『ギリシャ神話集』ヒュギーヌス著／松田治・青山照男訳（講談社文庫）
『ギリシア神話　知れば知るほど』丹羽隆子監修（実業之日本社）
『ギリシャ神話とオリンポスの神々』世界の神話と伝説研究会編（竹書房）
『ギリシャ・ローマの神々と伝説の武器がわかる本』かみゆ歴史編集部著（角川ソフィア文庫）
『「ケルト神話」がわかる』森瀬繚・静川龍宗著（ソフトバンク文庫）
『この一冊で日本の神々がわかる！』関裕二著（知的生き方文庫）
『知っておきたい世界と日本の神々』松村一男監修（西東社）
『知っておきたい世界の女神・天女・鬼女』金光仁三郎監修（西東社）
『図解　古事記と日本書紀』森村宗冬著（新人物往来社）
『図説　古事記』石井正己著（河出書房新社）
『図説　ケルト神話物語』イアン・ツァイセック著／山本史郎・山本泰子訳（原書房）
『世界神話事典　世界の神々の誕生』大林太良・伊藤清司・吉田敦彦・松村一男編（角川ソフィア文庫）
『世界神話事典　創世神話と英雄伝説』大林太良・伊藤清司・吉田敦彦・松村一男編（角川ソフィア文庫）
『「世界の神々」がよくわかる本』東ゆみこ監修／造事務所著（ＰＨＰ文庫）
『日本の神々　完全ビジュアルガイド』椙山林継監修（カンゼン）
『日本の神々の事典』薗田稔・茂木栄監修（学習研究社）
『日本の「神話」と「古代史」がよくわかる本』島崎晋監修／日本博学倶楽部著（ＰＨＰ文庫）
『北欧・ケルトの神々と伝説の武器がわかる』かみゆ歴史編集部著（角川ソフィア文庫）
『「北欧神話」がわかる』森瀬繚・静川龍宗著（ソフトバンク文庫）
『もう一度学びたいギリシア神話』松村一男監修（西東社）
『歴史人物笑史　爆笑ギリシア神話』シブサワ・コウ編（光栄）
『私のギリシャ神話』阿刀田高著（集英社文庫）

かみゆ歴史編集部

歴史関連の書籍や雑誌・デジタル媒体の編集・制作を行う。ジャンルは日本史全般、世界史、美術史、宗教、神話、観光ガイドなど。主な編著に『スッキリ！幕末』（イースト・プレス）、『本当は怖い世界の神話』（イースト・プレス）、『徹底図解 世界の宗教』（新生出版社）、『戦国武将巡礼の旅』（アスキー・メディアワークス）、『新選組』（学研パブリッシング）、『体感・実感！にっぽんの名城』（NHK出版）、『大江戸今昔マップ』（新人物往来社）、『戦国年鑑 2013年版』（綜合図書）、『ビジュアル日本史 1000城』（世界文化社）など。

残酷すぎる世界の神話

2013年6月10日　初版第1刷発行

編著	かみゆ歴史編集部
表紙デザイン	丸山邦彦（株式会社クリエイティブ・マインド）
表紙イラスト	輝竜司
本文デザイン・DTP	中道智子
本文イラスト	竹村ケイ、橋日露光、panther
編集	中西庸（株式会社イースト・プレス）
本文執筆	岸田菜摘、駒見明子、目片雅絵
発行人	木村健一
発行所	株式会社 イースト・プレス 東京都千代田区神田神保町 2-4-7 久月神田ビル 8F TEL 03-5213-4700 FAX 03-5213-4701 http://www.eastpress.co.jp/
印刷所	中央精版印刷株式会社

ISBN978-4-7816-0952-2